教材に「しかけ」をつくる体育授業 10の方法

編著
清水由・結城光紀

執筆
日本授業UD学会体育支部

東洋館出版社

─「全員笑顔」の体育授業をめざして─

桐蔭横浜大学　清水　由

　子どもたちの運動に夢中になっているときの真剣なまなざし。

　仲間と共にわかった！ できた！ その瞬間の輝く笑顔。

　動きを見つめ、懸命にアドバイス。

　何度もあきらめずに、ああすればこうすればと試行錯誤。

　ポイントは何なのかアイデアを出し合う。

　そんな子どもたちの学びの姿を見たら、嬉しさが込み上げてくるのではないでしょうか。私たち教師が自然と笑顔になる瞬間です。そんな理想的な学びを授業で実現できたらどんなに素晴らしいことでしょう。

　「『全員笑顔』の体育授業をめざして」には、目の前の子どもたちはもちろん、授業をする先生方も含め、その場にいる全員が笑顔になってほしい。そんな思いが込められています。日々の業務で忙殺される中、新しい授業方法を学ぶ余裕がない先生方も多いかと思います。ちょっとした「しかけ」を授業に取り入れることで、ちょっと新しい学びを子どもたちに提供できるのです。

　本書は、UD体育学習会（日本授業UD学会UD体育支部）で学ぶ先生方が実際に行っている授業をもとに書かれています。UD体育の目指す「すべての子ができる・わかる・かかわる体育授業」をすべての先生方が授業で実現できそうな「しかけ」としてまとめました。体育を専門に学ぶ先生はもちろん、他の教科を専門に学んでいる先生方にとっても簡単に取り入れられる指導方法です。すべての子どもたちに「動きたい・考えたい・関わりたい」という気持ちを引き出す「しかけ」を10の視点としてまとめました。一つ一つの視点について、いくつかの具体事例を示させていただきました。それらをヒントに、目の前の子どもたちの実態を考えながら授業をつくっていただけたら嬉しいです。

本書のつくり

　第1章では、まず体育授業で使える「しかけ」を10の視点でその使い方や考え方を解説します。「しかけ」を授業に取り入れることで、どのようなメリットが考えられるのか、どのような使い方を想定していて、どのような順番で考えていくと子どもたちの学びにつながるのかを解説します。次に、体育授業をユニバーサルデザイン化することについて、そもそもの意味から簡単に解説します。

　第2章では、「しかけ」を使った体育授業の具体事例を10の視点それぞれから解説します。さまざまな領域での具体例から、明日の授業や次の単元でそのまま使っていただいてもいいですし、それらの実践例をヒントに新たな使い方を考えていただいてもいいと思います。

　紙面は、見開きで1つの具体実践例となっています。左ページには、ありがちな失敗場面を、右ページには「しかけ」を使った成功場面をイラストで示しました。

　第3章では、最初にUD体育における「しかけ」を、特別支援教育や学級経営という視点から、その意味について解説します。そして、より詳しく「しかけ」を取り入れた授業の流れがわかるように、単元全体がイメージできるような解説としました。単元目標、単元の概要、教材の意図、子どもの教師とつまずき、つまずきとしかけという流れで解説しています。

　子どもたちが笑顔で学ぶ体育授業となることに少しでもお役に立てたら、執筆者一同幸いです。

「全員笑顔」への挑戦

UD体育代表　結城　光紀

「先生！お友達が、今、はじめてできたよ！見にきてよ！」

　私が、体育授業をしていて一番嬉しい瞬間です。

　運動が楽しい。
　みんなと一緒が楽しい。
　できるようになって嬉しい。
　「友達のできた」が、自分のことのように嬉しい。

　そんな子どもたちの笑顔が、広がっていってほしいという願いから、UDの視点から体育授業づくりを行ってきました。
　また、現場の先生方の力になれたらと思い、UD体育の仲間と知恵を出し合い、「UD化の視点」や「体育授業」について様々な形で発信・共有してきました。

　そんなある日、「体育授業って本当に難しい。UDの視点や授業の流れはわかった。でも、実際の授業でどうしたらいいかイメージがわかないよ」他の教科を専門とする先生からの一言でした。その声は、仲間達の身近な先生方からも上がっていました。

　もっと、現場にいる先生方の力になりたい
　　先生方の笑顔を後押しし、小さな喜びを感じて欲しい
　　　その先にいる子ども達に「楽しい」の笑顔を届けたい

UD体育の新たな挑戦がはじまりました。

　子どもたちのつまずきに寄り添った多くの実践を積み重ね、体育授業で大切にされている教育技術を整理しました。その中でも、子どもたちが「動き出したくなる」授業の技法を厳選し、10個のキーワードでまとめました。それが、「体育授業のUD化　10のしかけ」です。

　しかけを授業で活用することで、子どもたちの、
「動きたい・考えたい・関わりたい」
気持ちを引き出し、ねらいとする学習内容に迫ります。

　しかけは、明日、すぐにチャレンジできます。
　先生方の気になるしかけはどれでしょうか？

　「子どもたち、すごく楽しそう！」
　「うまくいったぞ。効果的な使い方は？ どこがUDの視点？」
　「思うようにいかないぞ？ なぜだろう？」
　「他の体育授業で使うとすると、どうなるかな？」
　「このしかけ、他の教科でも使えそうだな！」
　「明日もまた、使ってみようかな！」

　しかけをきっかけに、先生方にとって、目の前の子どもたちにとって、日々の授業が、楽しいものになってもらえたら嬉しいです。

　「全員笑顔」に向けた、UD体育の挑戦ははじまったばかりです。
　UD体育の仲間たち、1人1人の、「アイディア」と「熱い思い」が詰まった本書が、皆様の「笑顔」のヒントになれたら幸いです。

教材に「しかけ」をつくる体育授業

10の方法の考え方・進め方

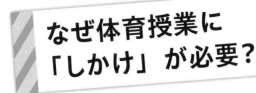

なぜ体育授業に「しかけ」が必要？

1　体育授業のUD化「10のしかけ」

　体育授業のUD化「10のしかけ」とは、子どもたちの「動き出したくなる」姿を引き出す指導方法です。教材にスモールステップをつくり、子どもたちの「動きたい」「考えたい」「関わりたい」気持ちに火をつけます。

　「しかけ」には10の方法があります。（詳細はP11）

1 取り除く	2 分ける・減らす	3 ゲーム化する	4 たとえる
5 比べる	6 間違える	7 選ぶ	8 合言葉にする
9 補助する	10 合わせる		

　子どもたちのつまずきに応じて「しかけ」を選択し、授業を工夫していくことで、ねらいとする学習内容に迫り、「わかる」「できる」を保障していきます。

2　描く子どもの姿
　―「動き出したくなる」姿を引き出す―

　「馬跳びするよ。せーの、1、2、3…」。教師の合図に合わせて、一生懸命に頑張る子どもたち。前向きに取り組む子どもたちがいる一方で、「言われたからやる」「繰り返しはつまらない」と、運動に対して後ろ向きな気持ちになってしまう子どもの姿も見えてこないでしょうか。

　そこで、「しかけ」を用います。例えば、「ゲーム化」のしかけで授業を工夫します。「勝ったら3回・負けたら2回」のじゃんけんゲームの中で馬跳びを行います。すると、子どもたちの目が輝き、運動に向かう姿が大きく変化していきます。たくさんじゃんけんをしたいと思う「動きたい」気持ち、どうやったらはやく跳べるかを「考えたい」気持ち、進んで友達

に声をかける「関わりたい」気持ちが、たくさん溢れ出てきます。「しかけ」は、子どもたちの心の奥底にある「やってみたい」に火をつけ、「動き出したくなる」姿が引き出されていきます。

3　教材に「しかけ」をつくる

| STEP1 ┤ つまずきをイメージする

　はじめに、単元における子どもたちのつまずきを想定します。

　体育授業で代表されるつまずきは、大きく３つに分けられます。

つまずき①「やりたくない」つまずき

　うまくできなかったときの痛みや恐怖心、今までの失敗体験や退屈に感じた経験から、学習のスタートラインに立つことが難しくなってしまいます。

つまずき②「わからない」つまずき

　運動の行い方やポイントがわからず、学習に参加できなくなってしまいます。特に、状況が複雑だったり、イメージの難しい言葉のやりとりが多くなってしまうと、子どもたちは困ってしまいます。

つまずき③「できそうにない」つまずき

　繰り返し運動に挑戦しても、運動のイメージや動きの感覚をつかむことができないと、「できそうにない」と気持ちが後ろ向きになってしまいます。

　「なぜ、やりたくないのか」「なぜ、困っているのか」と、つまずきの背景を考えることで、「しかけ」によって、どんな子どもの姿を引き出したいかが見えてきます。

STEP2 ▶ 学習内容を焦点化する

　運動の行い方を細かく分け、学習内容を明確にします。

　例えば、「開脚跳び」の運動は「両足で踏み切る」「跳び箱へ着いた手を突き放す」「着地する」の３つの動き方に分けられ、できるためにはこれらの動きを身に付けることが必要です。「しかけ」を用いる場面では、どの動きを身に付けようとしている場面なのか、そのために１番大切なポイントは何かをはっきりさせます。学習内容が明確になることで、子どもたちのつまずきに応じて、どの「しかけ」を用いるかが見えてきます。

STEP3 ▶ 「しかけ」を選ぶ

　「しかけ」を選ぶときは、「つまずき・学習内容・活動場面」を総合的に判断して決めます。「やりたくない」「わからない」「できそうにない」と子どもたちが肩を落とす活動を、「やってみたい」と思えるものにしていくのです。

　授業前の準備では、「教材」に関係する学習内容やルール、「単元計画」に関係するねらいや発問に「しかけ」を考えます。授業中は、「前向きな気持ちで取り組んでいるか」「学習内容に向かって学べているか」といった子どもたちの姿を観察し、ねらいとする姿に向けて随時しかけます。

　例えば、運動に抵抗感をもつ子が多い学級では、「ゲーム化する」しかけを用い、楽しみながら行えるようにしてみたり、子どもたちの注意力が気になる場面では、「間違える」しかけを用い、間違ったお手本を提示しながら正しいポイントに気が付かせてみたりと、全員が学習に参加できるための足掛かりを作っていきます。その支援を細かく適切に入れることで、子どもたちの学びの壁は小さくなり、「これならできそう」と思うことのできるスモールステップがつくられていきます。

　子どもたちが抱えるつまずきに即して「しかけ」を用いていくことで、子どもたちの「動き出したい」姿を引き出し、「わかる」「できる」に近づいていきます。

体育授業のUD化「10のしかけ」

1 取り除く
教師が痛み・不安・恐怖心を教具で取り除くことで、子どもたちがねらいとする運動を安心して行えるようにする。

2 分ける・減らす
教師が教材におけるルール・人数・動き等を分けたり、減らしたりすることで、子どもたちがねらいとする運動を意欲的に行えるようにする。

3 ゲーム化する
教師が「運」「得点化」「競争」「達成」等の角度から教材をゲーム化することで、子どもたちがねらいとする運動を意欲的に行えるようにする

4 たとえる
教師が運動場面を、仮定した状況や設定にたとえることで、子どもたちがねらいとする運動や学習を意欲的に行えるようにする。

5 比べる
導きたい学習の要点がある場合に使う。
教師が選択肢を提示して比べさせることで、子どもたちがねらいとする学習や運動の要点に気付けるようにする。

6 間違える
導きたい学習の要点がある場合に使う。
教師が間違いを提示することで、子どもたちがねらいとする学習や運動の要点に気付けるようにする。

7 選ぶ
課題の設定に導く場合に使う。
教師が選択肢を提示して選択させることで、子どもたちがねらいとする運動に主体的に取り組めるようにする。

8 合言葉にする
教師が運動の要点を短い言葉で合言葉にすることで、ねらいとする運動を行う際の手がかりになるようにする。

9 補助する
教師が「先生」「子ども」「教具」を用いて運動の補助を行うことで、ねらいとする運動を習得する際の手がかりになるようにする。

10 合わせる
教師が動きを合わせる活動を行わせていくことで、子どもたちがねらいとする運動を意欲的に行えるようにする。

体育授業のユニバーサル デザイン化って?

　ここでは、授業のユニバーサルデザインについてよく聞かれる基本的な疑問について確認したいと思います。

Q1　ユニバーサルデザインとはどんな考え方なのか?

Q2　ユニバーサルデザインは、学校教育にどのように導入されたのか?

Q3　授業をユニバーサルデザイン化するとはどういうことなのか?

Q4　どうやって体育授業をユニバーサルデザイン化するのか?

Q1 ユニバーサルデザインとはどんな考え方なのか?

　ユニバーサルデザインの話をしていると、聞いたことがあって何となく意味がわかっているのだけどもその意味や違いをはっきりと説明しにくい、似たようなカタカナの言葉が出てきます。それぞれの一般的な意味を簡単に整理し、加えて教育的な視点である「インクルーシブ教育」「授業のユニバーサルデザイン」の2つの意味について整理したいと思います。

【ノーマライゼーション】

　ユニバーサルデザインという言葉が誕生する以前、福祉先進国デンマークを中心に提唱されていた考え方です。「身体的・精神的障害を持った人々でも、健常者とともに可能な限りノーマルな生活を送る権利がある」という考え方です。

【バリアフリー】

　障害のある人々が直面する段差等の物理的障壁(バリア)を取り除く(フリーにする)ことを指すことが多いです。より広い意味で捉え、障害のある人の社会参加を困難にしている社会的、制度的、心理的な障壁の除去という意味でも用いられます。

【ユニバーサルデザイン】

　障害の有無、年齢、性別、人種等にかかわらず多様な人々が利用しやす

いようにあらかじめ都市や生活環境をデザインしておくという考え方です。提唱者のロナルド・メイスは「特別な製品や調整なしで、最大限可能な限り、すべての人々に利用しやすい製品、サービス、環境のデザイン」と定義しています。

　バリアフリーとユニバーサルデザインは、混同されがちです。違いを明確にしておきたいです。バリアフリーは、「障害のある人にとって」の障害（バリア）をなくす（フリーにする）という意味であるのに対し、ユニバーサルデザインは「すべての人々にとって」利用しやすいことを目指すデザインです（教育的な「授業のユニバーサルデザイン（授業UD）」の考え方については、後述します）。

【インクルージブ】

　一般的に、「包括的な」や「含み込む」という意味で用いられます。

【インクルージブ教育】

　すべての人を含み込む教育であり、わかりやすく言うと「排除や区別がない教育」ということです。障害の有無にかかわらず誰も排除されることなく共に学べることを目指す教育です。

　文部科学省は中央教育審議会（2012）において、共生社会（障害者等を含め、誰もが尊重し合い多様な在り方を認め合える全員参加型の社会）の形成を目指してインクルージブな教育システムを構築する必要があるとしています。

　インクルージブ教育は「授業のユニバーサルデザイン」の考え方に似ていますが、障害者の権利に関する条約や特別支援教育といった立場から提案されているものであり、授業のユニバーサルデザインは通常学級の立場から提案されているものです。

【授業のユニバーサルデザイン（授業UD）】

　建築物や製品のデザインから生まれた一般的なユニバーサルデザインの考え方を学校教育に生かそうとする考え方です。「特別な支援が必要な子を含めて、通常学級の全員の子が楽しく学び合い『わかる・できる』こと

を目指す授業デザイン」です。特別支援教育の知見を生かしながら目の前
の子どもたちが楽しく学んで伸びていくことを目指しています。

Q2 ユニバーサルデザインは、学校教育に どのように導入されたのか?

　ユニバーサルデザインの考え方の学校教育への導入は、物理的な環境を
整備するところから始まっています。すべての子どもたちにとって学びや
すい環境を準備することです。有名な例だと、黒板のまわりに貼ってある
クラス目標や時間割、当番表、給食の献立などの様々な掲示物を減らして
視覚的な刺激の少ない環境をつくるといったことがあげられます。授業中、
教師が話をしていても、黒板の周りの掲示物の内容が目に飛び込んでしま
いそちらに注意を向けてしまう子がいます。気がつくと話が進んでいて授
業の内容がわからなくなっているという子が少なくありません。あらかじ
め黒板のまわりにそのような掲示をせずにすっきりさせておくことで、こ
のような子たちの学びの環境を整える（刺激量の調整）ことができます。
また、物の置く場所を決めておいたり机の並べ方などによって空間を仕切
って学びやすい環境をつくったりする工夫（場の構造化）も学校教育に取
り入れられているユニバーサルデザインです。
　このような「刺激量の調整」や「場の構造化」といった物理的な環境を
整備することがユニバーサルデザイン化するということです。この物理的
な環境を整備する考えから発展させ、授業そのものをユニバーサルデザイ
ン化しようとする考え方が「授業のユニバーサルデザイン（授業UD）」です。

Q3 授業をユニバーサルデザイン化するとはどういうことなのか?

　授業のユニバーサルデザインは、「特別な支援が必要な子を含めて、通
常学級の全員の子が楽しく学び合い『わかる・できる』ことを目指す授業
デザイン」です。特別な支援が必要な子たちが楽しく学び合えるような工
夫は、通常学級にいる他の子どもたちが楽しく学び合うことにも役に立つ

と考えています。特別支援教育のこれまでの授業研究の成果から学ぶことで通常学級での授業の工夫として授業づくりに生かし、特別な支援が必要な子もその他の子も一緒に楽しく学び合うことを目指しています。

　授業をユニバーサルデザイン化するということは、授業計画を考える段階で、特に授業中につまずく子に注目することから始めます。そのつまずきがその子個人のものなのか、複数の子にも起こるのかを整理しながら工夫を考えたり学習内容を考えたりして授業づくりを進めていきます。

Q4 どうやって体育授業をユニバーサルデザイン化するのか？

　考え方としては、授業をユニバーサルデザイン化することと同じです。体育の授業中につまずく子に注目して、授業の工夫を考えたり学習内容を考えたりして授業づくりを進めていきます。端的にいえば「子どものつまずきから始める授業づくり」が体育授業のユニバーサルデザイン化です。

　簡単な例を示します。例えば、刺激量の調整や場の構造化といった物理的な環境を整備するという視点からユニバーサルデザイン化を考えてみます。運動場や体育館という環境を考えると、虫や木の枝が落ちているという状況はよくあることです。授業中のつまずきとして、どうしても虫や木の枝に意識がいってしまう子がいます。そういう子は、体育の授業中であっても関係なく、虫を観察し続けたり木の枝を振り回し続けたりして参加できない時間ができてしまいます。特定の子にとどまらず、他の子を巻き込んで大騒ぎになってしまうこともあるかもしれません。物理的な環境を整えることを考えると、授業を行う場所を子どもたちが来る前に確認しておくことができます。生きている虫はどうしようもありませんが、死骸の場合は掃除をしておきます。木の枝の場合、細かいものもすべてとなると難しいかもしれませんが、目立つ枝は目の届かないところに片づけておきます。このように刺激量を調整した環境を整えておくことで、授業に参加できないというつまずきを防ぐことができます。

どう体育授業をユニバーサルデザイン化する? ～UD化の3視点～

体育授業UD化モデル

　体育授業をユニバーサルデザイン化するときに大事なことは、目の前の子どもたちのつまずきを予想することです。「痛そうなのを嫌がるかな」「複雑ですぐには理解できないかな」「あの子は不安になって動けないかな」といった、予想したつまずきに対して一つ一つ工夫を考えていきます。

　例えば、「柔らかい教具を使って痛くないようにしよう」とか「動画を使って説明するとわかってもらえるかな」「あの子には個別に声をかけ続けて補助をしてあげる必要があるかな」と考えます。このような具体的なつまずきからUD化するための工夫を考える視点を以下の図にまとめました。「体育授業UD化モデル（2019年Ver.）」です。

〇は、授業前に考えておく視点 ◇は、授業内で教師が行うこと

活用	焦点化	多感覚化	共有化	個別の配慮
習得・理解	〇スモールステップ（系統性） 〇モジュール化 〇共通課題の設定 〇学習内容の焦点化 ◇問い返す 〇学習内容を誇張する教材化	〇口伴奏 〇運動感覚習得の教具・場 〇変化のある繰り返し ◇運動の視覚化 〇ポイントやコツの言語化 ◇広げる	〇共通言語の活用 ◇発問する ◇助言する ・教師 ・子ども 〇児童間補助 〇共通言語化 ◇強化する ・全体 ・グループ	◇教師補助 〇教具・場の工夫 ◇動きの言い直し 〇ICT機器の活用
参加	〇学習環境の構造化　時間（マネジメント）、並び方、固定小集団、ルール、指示、教具、場、視覚的配慮 〇肯定的な雰囲気づくり　リズム太鼓（音楽）、リーダーの活用・協力、励まし・承認の声かけ 〇基礎感覚づくり（そろえる）　各領域の基礎感覚			

　図の使い方について簡単に説明します。

左端の「参加」「理解・習得」「活用」は、授業における子どものつまずきの階層を表しています。子どものつまずきは、これらの階層のいずれかに当てはまると考えています。例えば、目の前の子が不安感や恐怖心から運動に取り組まないと教師がみとった場合、それは授業にそもそも参加できていないということであり、参加階層のつまずきだと考えることができます。図の参加階層（一番下）に書かれているUD化の工夫の例を見てみると、３つの具体例が書かれています。そのような子に対するUD化の工夫を３つの例を参考にすると、「基礎感覚づくり」が有効なのではないかと考えられます。目指す運動ができるようになるには、その運動を行うのに必要な基礎感覚が養われていなければなりません。基礎感覚が養われていないと、子どもは不安を感じたり恐怖を感じたりするのです。基礎感覚づくりの運動を計画的に授業の中で扱うことで、つまずきを解消することができると考えられます。同様に、理解・習得階層のつまずきに対するUD化の工夫の例も示されています。例えば、理解・習得を促すための工夫として「学習内容の焦点化」を行ったり、「口伴奏」を行うことでリズムやタイミング・強弱といった感覚的な理解や習得を促したり、「共通言語」を取り入れることで動きのイメージを共有したりすることです。図には、子どもがつまずく参加階層と理解・習得階層のそれぞれに応じた授業をUD化する工夫の例を示しています。

　次に、図の上にある「焦点化」「多感覚化」「共有化」「個別の配慮」について説明します。「焦点化」「多感覚化」「共有化」は、体育授業をUD化する視点であり、３つをまとめて「指導の工夫」といいます。あと一つの「個別の配慮」は、個別対応を考えておくことです。授業で子どもたちが楽しく学べるように「指導の工夫」を３つの視点から頑張って考えるのだけれども、その工夫でも成果が見られない可能性のある子について個別対応を考えておくのです。全体への「指導の工夫」を考えながらも、それでは成果が見られない可能性のある子への「個別の配慮」も想定して授業づくりをしていきます。

体育授業をUD化する視点

　「体育授業UD化モデル」の図の「指導の工夫」の３つの視点「焦点化」「多感覚化」「共有化」について、説明していきます。

【焦点化】

　授業で子どもたちが学ぶには様々なことを焦点化しておくことの重要性を示しています。子どもたちへの思いが強くなるほど、授業で様々な学びを期待してしまいます。その結果、授業時間内で扱いきれなかったり複雑になってしまったりして理解・習得の学びに結びつかなくなってしまうことがあります。子どもたちによりよい学びを提供するには、授業を焦点化することが必要です。

　「焦点化」の工夫の例としては、「スモールステップ」「モジュール化」「共通課題の設定」「学習内容の焦点化」「学習内容を誇張する教材化」の５つを挙げています。授業中は、教師が子どもの発言を「問い返す」ことで子どもの考えていることを子ども自身に焦点化させることができます。

【多感覚化】

　基礎感覚や視覚・聴覚を意識した工夫をすることで理解・習得の学びに結びつくことを示しています。体育授業は、身体を伴った学びが中心です。基礎感覚などの動きの感覚をはじめ、視覚や聴覚を活用した学びが教科の本質と言えます。

　「多感覚化」の工夫の例としては、「口伴奏」「運動感覚習得の教具・場」「変化のある繰り返し」「ポイントやコツの言語化」の４つを挙げています。授業中に教師が行う工夫は、教師の説明を視覚化したりスピードや位置によって見えない運動を見えるようにしたりする工夫「運動の視覚化」と、子どもが表現した動きや感覚を他の子の参考となるようにつなげたりする工夫「広げる」の２つです。

【共有化】

　授業において認知的な学習を行い、それを子どもたち同士で共有するこ

との重要性を示す視点です。体育授業では、運動学習の量や頻度がとても大事です。認知的な学習も同じように大事だと考えています。「共有化」の視点は、子どもがみんなでポイントを見つけたり意見を交流したり１人でじっくり考えたりする活動を大切にした上で、それを共有しながら学びを進めていくことの重要性を示しています。

　「共有化」の工夫の例としては、「共通言語の活用」「児童間補助」「共通言語化」の３つを挙げています。授業中に教師が「発問する」「助言する」ことで、子どもの意見や思考を整理し共有化します。また、子どもが共有したポイントを教師が繰り返し声かけすることで「強化する」ことができます。「共有化」は、子どもの学びを一人ではなくみんなでの学びにする大切な視点です。

「個別の配慮」を考える工夫

　「個別の配慮」は、授業をUD化する「指導の工夫」でも成果が見られない可能性のある子について個別対応を考えます。工夫の例として、「教具・場の工夫」「ICT機器の活用」を挙げました。それぞれ、様々な可能性が考えられ、これまでにも多くの事例が提案されてきています。

　気になる子に対して、個別の教具を準備しておいたり、個別の場を考えておいたりします。痛みや不安を軽減するような優しい教具・場、理解や動きを促すことのできる易しい教具・場など、これまでの体育授業の研究成果として各領域には多くの財産があります。また、ICT機器を使っての視覚的な理解や個別の表現の機会を保障することも考えられます。特に、ICT機器の活用については、まだまだ発展途上であり全国的に広がりつつある過程にあります。今後、現場レベルでより効果的でシンプルな使い方が提案されていくでしょう。

　「個別最適な学び」「協働的な学び」といった教育界のキーワードに関わって授業のUD化における「個別の配慮」は、欠かさない視点になるでしょう。

第 **2** 章

体育授業のしかけづくり

50のアイデア

体つくり運動

器械運動

● マット

● とび箱

● 鉄棒

器械運動「鉄棒遊び（鉄棒）」低

●子どもと先生のつまずき

　鉄棒が苦手な子どもにとって頭を下に向け、逆さになることほど恐怖を感じるものはありません。恐怖心から、なかなか授業に参加することが難しいです。先生は子どもが何とか授業に参加できるように子どもが落ちないように支えたり、安心できるように声をかけたりします。しかし、子どもがなかなか動き出すことができない様子です。怖いと感じるのは、頭を真下に下げるからです。日常生活で頭が足よりも下にくることは滅多にありません。逆さ感覚が十分に養われていないのです。そうなると、鉄棒が嫌になってしまいます。

ここに焦点化！

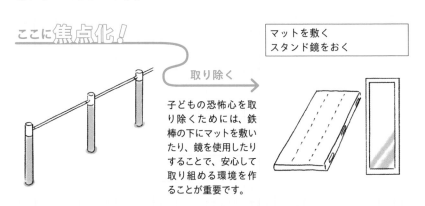

取り除く

マットを敷く
スタンド鏡をおく

子どもの恐怖心を取り除くためには、鉄棒の下にマットを敷いたり、鏡を使用したりすることで、安心して取り組める環境を作ることが重要です。

参加したくなる子どもたち

　鉄棒の下にマットを敷くことや、スタンド鏡を置いて逆さになっている自分を見ることができるようにすることで「落ちたとしてもマットがあるから痛くなさそうだな」「逆さになっている自分の状況が見えるから手を離せそう」というように恐怖心を取り除けるようにします。子どもが意欲的に参加するためには恐怖心を取り除き、安心して取り組める環境を作ることが必要です。

「怖いからやりたくない」から「もっとやりたい」「できた」へ

　鉄棒の下にマットを敷くことで子どもの恐怖心を軽減することができます。また、スタンド鏡を置いて逆さになっている自分を見ることで全身の力を抜いて鉄棒に体でぶら下がることができるようになります。一度できるようになると感覚をつかみ、繰り返し挑戦することができます。更に子どもたちの「もっとやりたい」を引き出すためには、しかけの「補助する」と組み合わせることが大切です。教師の補助、子ども同士の補助によるスモールステップで小さなできたを積み重ねることで「もっとやってみたい」「できた」を実感できるようになります。

しかけ 「取り除く」 2
器械運動「開脚とび（とび箱）」 中学年

しかけ ✕

怖がらないで、続けよう！

●子どもと先生のつまずき

　とび箱にぶつかってしまうのが怖く、うまくとび方もわからないため、何回とんでもとび箱に乗ってしまっています。先生も声はかけているのですが、子どもには伝わっていないようです。

　近年の子どもたちは、とび箱のような動きに慣れていないことが多いです。そのため、とび箱にぶつかりそうで怖い。着地のときに落ちるようになるのが怖い。と、とぶことができないことがあります。また、先生からのアドバイスも動きの経験がないため理解することが難しいです。

ここに焦点化！

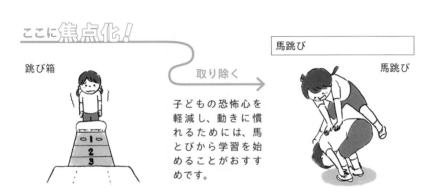

跳び箱

取り除く →

子どもの恐怖心を軽減し、動きに慣れるためには、馬とびから学習を始めることがおすすめです。

馬跳び

馬跳び

安心できる馬とびから始める

　とびやすい馬とびから始めることで、とび箱につながる動きを「できそう」「怖くない」気持ちで学ぶことができます。体の大きさが近い子ども同士でペアを組んだり、段階的に馬の高さを上げていったりすることで、開脚とびに必要な感覚を育てることができます。１人で作る馬をとぶことに慣れてきたら、２人で作る馬に挑戦してみましょう。奥で馬を作っている子の背中に手を付いたり、少し勢いをつけたりなど、開脚とびに共通するポイントを学ぶことができます。このように馬とびで動きに慣れてきたところで、とび箱にも取り組めるように場を設定すると、子どもたちが「できそう」という思いをもちやすくなり、前向きに活動することができます。

馬をつくるときのポイント

器械運動「台上前転（とび箱）」中

しかけ ❌

●子どもと先生のつまづき

　とび箱の授業。「大丈夫！勇気を出して、こんな風に思いっきり腰を上げてみよう！」先生が、子どもたちを一生懸命励まし、台上前転のお手本を見せています。子どもたちは言われた通りにやってみますが、「とび箱から落ちてしまったらどうしよう」と、恐る恐る台上前転をしようとするので、腰が上がりません。台上前転は、狭いとび箱の上で体を回転させるというダイナミックな運動です。たとえ１段や２段という低い段数であっても、怖いと思っている子は安心して台上前転ができません。

ここに焦点化！　　　　　　　　　取り除く　　　　　　　　　➡

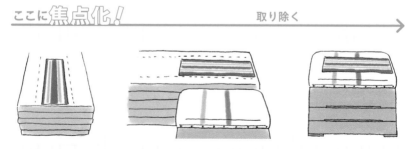

重ねたマットの上を転がるなら、落ちるという恐怖心を取り除くことができます。一般的なスポーツタオルを置き、とび箱の上面に見立てるとよいです。

（吹き出し）マットの上に敷いたタオルの上を前転できる？

（吹き出し）マットの上？それならできそう！

（吹き出し）ほら！ 跳び箱と同じ高さで前転できてるよ！

動き出したくなる子どもたち

　「マットの上で前転する」ことで、子どもたちの恐怖心を取り除きます。また、マットの上にスポーツタオルを一枚敷いて、「このタオルの上で前転できる？」と問うと、タオルの上からずれないように、意欲的に前転に取り組みます。マットの枚数を１枚から始めて、５枚程度に増やしていったところで、「ほら、もうとび箱１段と同じ高さでできてるよ！」と伝えると、子どもたちは驚きます。恐怖心がないので、思い切り腰を上げて、前転する感覚を掴むことができます。

「わかった」「できた」を実感する

　恐怖心を取り除き、何度もマットに敷いたタオルの上で前転を繰り返した子どもたちは、台上前転に必要な基礎感覚は十分に身についています。そこで初めてとび箱一段で台上前転に挑戦させます。苦手な子は、「とび箱の上で回っている間に横に落ちるかもしれない恐怖」を感じています。そのため、初めは左右にエバーマット、とび箱の上に一枚マットとタオルを敷いてあげるといいでしょう。そして、マット、タオル、エバーマットと順に取り除いていくと、子どもは自然と台上前転ができるようになります。

陸上運動「ハードル走」 高

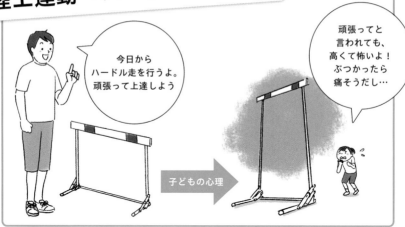

●子どもと先生のつまずき

　ハードル走の授業第1時の出来事。授業を受け持つA先生は、一番高い
ハードルの高さに設定しました。中学年で行う「小型ハードル走」がある
ため、「小型ではない＝一番高いハードル」という認識があるためです。

　しかしながら、子どもたちにとって一番高いハードルをまたぎ越すこと
は、心理的なプレッシャーがかなり大きいです。ぶつかることをイメージ
しただけでこみあげてくる怖さ。そして、実際にぶつかったときの痛さ。
この「怖さ」や「痛さ」からくるマインドは、主体的に学ぼうとする気持
ちを奪ってしまいます。

ここに焦点化！

取り除く

「怖さ」「痛さ」を取
り除くためには、ハ
ードルの高さを数種
類用意することや、
ハードルに準じた障
害物で場を作ること
が重要です。

・高さを調整したハードル
・鉄製ではないハードル

「高さの壁・痛さの壁」を取り除く

　高さを数種類準備した場や、ゴム紐やペットボトル等の柔らかい素材の場を設定することで、子どもたちがねらい（3歩又は5歩で、一定のスピードでまたぎ越す）を達成できそうな場を選択して活動します。

　子どもたちは、自分のできそうな場を選択して取り組むことができるので、「怖さ」「痛さ」といった心理的な負担感はかなり軽減されます。

ねらいに焦点化した運動として挑む子どもたちへ

　「低くてもいいから、3歩又は5歩のインターバルでまたぎ越すことができればOK」。ハードルに対する怖さや痛さを考える必要がなくなった子どもたちは、やる気が高まります。自分が選んだ場でねらいが達成されたら、次のレベルの場に挑戦。そこもクリアしたならば、さらに次の場に挑戦。課題達成に向けた意欲的な姿が、どの場においても見られるようになります。また、単元のはじめから高いハードルを選んでいる子どもたちには、「自己ベストに挑戦」「5歩→3歩に挑戦」等、発展的な課題を提示することで、自分の課題解決に向けた取組に挑むようになります。

球技「サッカー（ゴール型）」 中学校

しかけ ✕

ボールが当たると
痛いから
やりたくない

大丈夫だよ
頑張ろう！

● **子どもと先生のつまずき**

　子どもたちはボールがぶつかることが怖くてなかなか授業に参加することができません。先生は頑張れるように声をかけますが、なかなか動き出すことができない様子です。

　硬いボールにぶつかると痛みが強く、サッカーをすることが嫌になってしまうことがあります。特に足で蹴られたボールはスピードがはやいため恐怖心も大きくなりやすいです。恐怖心を一度持ってしまうと意欲的に参加することが難しくなります。

ここに焦点化！

取り除く →

子どもの恐怖心を軽減するには、柔らかいボールを使用することやボールの空気を抜くこと、軽いボールを使用することが重要です。

柔らかい

軽い
ボール

空気を減らす

参加したくなる子どもたち

　柔らかいボールや軽いボールを使ったり、ボールの空気を抜いたりすることで「当たっても痛くない」という心理的な安全性が生まれます。心理的な安全性が保障されると子どもたちは自然と挑戦するようになり、意欲的に参加することができるようになります。

「やりたくない」から「やりたい」「できた」へ

　柔らかいボールや軽いボールを使用すること、ボールの空気を抜くことで、子どもが恐怖心を持ちにくくすることができます。また、ボールが飛びにくくなるため、ボールを「止める・蹴る」という技能差を緩和することができます。特に「止める」についての技能差の緩和は子どもたちの意欲面に大きな影響を与えます。

　さらに、子どもたちの「やりたい」を引き出すためには、しかけの「分ける・減らす」と組み合わせることが大切です。浮いたボールは「キャッチしてOK」や「足の裏で止めたら無敵」などのルールと組み合わせることで「楽しい」「できた」を実感できるようになります。

しかけ ❌

●子どもと先生のつまずき

「みなさん、壁逆立ちに挑戦してみましょう！」「先生、足が壁につきません！」「いけそう、あっ。バタン。もうやりたくない…」中学年の教材として壁逆立ちに挑戦する学校は多いのではないでしょうか。壁のぼり倒立を経験している子どもたちも、腕で支えられずに頭から落ちたり、姿勢を保てずに横に倒れてしまったりと、「できる」への大きなハードルが存在します。様々なポイントを伝える先生も、子どもたちの感覚がなかなか高まらない様子に、このままでいいのかと焦りが出てきます。

ここに焦点化！　　　分ける・減らす　　　→

倒立姿勢に必要な感覚を３つにわけ、それぞれの感覚に焦点化した教材で、スモールステップを作ります。「できた」を感じながら、運動の感覚を高めていきます。

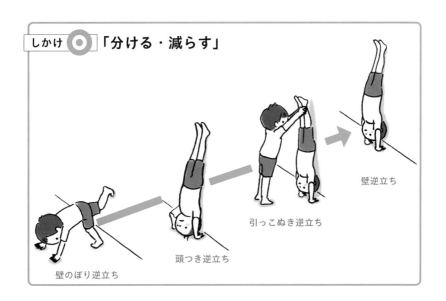

壁逆立ち

引っこぬき逆立ち

頭つき逆立ち

壁のぼり逆立ち

スモールステップで「逆さ感覚」を身に付ける

　「壁のぼり逆立ち」から「壁逆立ち」の中間になる教材として、「頭つき逆立ち」及び「引っこ抜き逆立ち」を１つの単元として扱います。様々な感覚を一気に発揮していく壁逆立ちはハードルが高いため、必要な運動の感覚を分けて減らし、身につけさせたい運動の感覚に焦点化していきます。「頭つき逆立ち」では体幹部に力を入れて逆さの姿勢を保つ感覚、「引っこ抜き逆立ち」では逆さの姿勢を腕で支える感覚を中心に高めていきます。必要な運動の感覚に着目し、スモールステップを組んでいくことで、子どもたちの「できそう！やってみたい！」を引き出していきます。

「できた」を小さくしていく

　「頭つき逆立ち」は、膝を抱えた姿勢で逆さになり、さらに膝を伸ばします。子どもたちが「できた」と感じながら学習していけるように、さらにステップを小さくしていきます。「膝を抱えてできたね」「助けてもらいながら膝を伸ばした逆立ちができたね」と、動きの変化やお助けの有無に着目し、小さなステップを価値づけしていくことで、子どもたちの「できた」がたくさんたまり、「もっとやりたい」の気持ちにつながっていきます。

●子どもと先生のつまずき

　開脚とびのポイントは「手をとび箱の奥に着く」ことです。このことは、多くの子どもたちが納得できると思います。しかし、そのポイントを知っていても、「怖い」と感じ、とび越すことが難しい子がいます。

　なぜ、怖いのでしょう。それは「とび越す感じ」がつかめないからです。そのため、とび箱の上に着手した先がイメージできないことが多いです。とび越した後、自分の体がどうなってしまうのかがわからないと、とび越すことに身体が向かっていきません。

ここに焦点化！

分ける・
減らす →

開脚とびの後半の動きがイメージできることが、安心して挑戦することにつながります。後半の動きを取り出して、「とび越す感じ」をつかみます。

しかけ ◎「分ける・減らす」

とび箱に座りましょう。そこから、両手でぐっと押して、着地してみよう！

下りるところがしっかり見えていて、安心！

とび箱をつなげて　　1段へらす　　さらに1段へらす

「できそう」なイメージをつかんでスタート！

　開脚とびに取り組み始める前に、全員で「とび箱にまたがって座った状態から、両手で押して下りる」課題に取り組みます。こうすることで、全員が「最後の局面」を体験し、イメージを持つことができ、安心して開脚跳びに取り組むようになります。それでも難しい子のために、とび箱を連結した場を用意します。手前のとび箱を1段ずつ低くしていくことで、とび越す「感じ」がつかめるようになってきます。

「できそう」→「できた！」のスパイラル

　開脚とびの「終盤局面」の動きを経験しておくことで、最終的な姿勢の状態がわかるようになります。それだけでは安心できない子のために、とび箱を連結した場で繰り返し取り組むことで、自分がとび越すイメージを描くことができるようになり、「できるような気がする」身体の準備ができてきます。そうなれば、「先生、もうできそうだよ！」と自信をもって、通常の場で挑戦します。この「できそうな感じ」をつかんだ子は、ほぼ間違いなく開脚とびができるようになっています。できるようになった子に発表してもらえば、大きな拍手をもらって自信がつくはずです。

陸上運動「2人リレー」中・高

しかけ ✕

今、私のペアが
いないから、
見ていよう。
もっと練習
したいな。

授業だから、
バトンの受け渡し、
どっちも経験させたいな。
でも授業が複雑に
なっちゃうなー

● 子どもと先生のつまずき

　「私は第1走者。もっとバトン練習したいのに、2走と3走の子が練習しているから、今、退屈……」バトンの受け渡しが鍵となるリレー。練習時間が確保されていても、待つ時間が長く、一人ひとりの練習回数が少なかったりします。また、走る距離が長いことで、疲れてバトンが合わなかったり、何度も挑戦できなかったりと、思うような成果に結びつきにくかったりします。さらに、「受け渡しの両方を経験させたい」といった先生の願いを形にすると、練習回数が減り、達成感を味わいにくくなってしまいます。

ここに焦点化！

分ける・
減らす →

人数を2人にすることで、バトンの受け渡しが1回になります。同じ友達と何度も練習することができるので、バトンの受け渡しに集中できるようになります。

「もっとやりたい」をかなえる「分ける・減らす」

　1人100mを走るリレーでは、走り疲れてしまう子がいます。そうすると、本番形式の練習があまりできなかったり、バトンがうまくいってもタイムが縮まなかったりします。そこで、2人で50mを走ります。走る距離を短くすることで走り疲れることが少なく、バトン練習に何度も挑戦する姿が生まれます。また、バトンの受け渡しがタイムに大きく影響することから、子どもたちの緊張感が増します。子どもたちは、「2人の合計タイムよりはやく走ろう！」の単元目標に向かい、うまくいかなかったことをすぐに話し合い、解決しようとします。「分ける・減らす」の視点から教材にしかけをつくることで、子どもたちの「やりたい」が引き出されていきます。

「2人」が生み出す関わり合い

　「もっとこうしたほうがいいかな？」チームの人数が2人になることで、自然と関わり合いが生まれます。バトンの受け渡しを試行錯誤したり、計測を行ったりする中で、少しずつ仲が深まっていきます。そして、うまくバトンの受け渡しができたときや、記録を更新したときの、2人で大きく喜ぶ姿につながっていきます。

ボール運動「バスケットボール (ゴール型)」中・高

しかけ ✕

●子どもと先生のつまずき

　試合開始の合図と共に、得意のドリブルでどんどん１人で攻め上がって
いく子。ふと目をやるとその脇で、試合に関われずにポツンと立ったまま
の子。練習では、あんなにも楽しそうに関われていたのに……。ボールを
ついて進むドリブルは、バスケットを初めて経験する子どもにとっては、
やや難しい技能と言えます。そこで、身に付けさせたい動きが学べるよう、
難しい動きをルールの工夫によって減らすことで、全員参加の楽しい体育
にすることができます。

ここに焦点化！

動き出したくなる子どもたち

　ゲームルールを「ドリブルなし」というルールに変えることで、チームでパスをつないで攻めるという必要感が生まれます。子どもたちは、正確にパスをつなぐために、どこでパスを受けるとよいかを考えるようになります。対戦相手の位置をよく見ながら、「もっと近くにきて」や「左に動いてね」など、自然に声かけが生まれ、ボールを持たないときの動きが身に付くようになります。

「わかる」から「できる」へ

　ボール運動の学習では、ボールを持たない時の動き方を中心に学習することが多くあります。「ドリブルなし」など、ルールを減らすことで習得した動き方は、その他のボール運動の動き方を考えるヒントにもなります。ボール運動の授業づくりの際には、子どもたちにとって難しい動きや、複雑なルールをなるべく減らし、全員が楽しんで参加できるシンプルなゲームにすることが大切です。

●子どもと先生のつまづき

　サッカーの授業。攻めと守りが入り乱れています。得意な子が一生懸命ボールを追いかけ、自分のチームへ声をかけています。しかし、「相手がボールを取った時はこうして、自分達がボールを取った時は…」と指示を出しても、経験の少ない子は混乱して言われた通りには動けません。そこにボールが来てもうまくコントロールできないため、ボールから逃げるようになります。さらに、サッカーが得意な子や先生から「がんばれ！」と声をかけられても、主体的に取り組もうとは思えません。

ここに焦点化！

変更前のルール	分ける・減らす	攻めと守りを分けたルール
●試合時間6分 ●以下の状況で攻守交代 ・相手にボールがとられる ・ゴールが決まる ・ボールがコートの外に出る	攻めと守りの時間を分けることで、「今何をすればよいか」がより明確になり、混乱を避けることができます。	●試合時間6分 ・3分攻め　3分守り ●以下の状況で味方ゴールから攻めなおす ・相手にボールがとられる ・ゴールが決まる ・ボールがコートの外に出る

動き出したくなる子どもたち

　時間を区切ることで、「攻めている」「守っている」が明確になると、状況把握がしやすくなります。決してボールを上手にコントロールすることができなくても、「攻めている時間だから相手ゴールに向かう。」「守っている時間だから、相手を進ませないようにしよう。」とボールの行方に左右されずに、自分ができることに集中しやすくなります。

攻守が分かれることで、チーム内の声かけも変化する

　ボールの位置、相手や味方の位置、ボールの飛んでいく方向など、サッカーは常に状況が変化します。そうした複雑な状況を判断するのは、サッカーが得意な子であっても容易ではありません。さらに、苦手な子に指示も出すとなるとその精神的な負担はとても大きくなります。攻守を分けることで、得意な子も、苦手な子に対して「この時間はとにかく相手のゴール付近に走ってほしい」「この時間は○○さんをマークしてほしい」と的確に助言をすることができます。すると、苦手な子が活躍するチャンスも大きくなるため、チームの雰囲気も明るくなります。攻守を分けることは、苦手な子も得意な子もサッカーを楽しむことができるしかけなのです。

しかけ3 「ゲーム化する」 **1**
体つくり運動 「多様な動きをつくる運動」 低・中

しかけ ✕

（何度も繰り返して上手になろう！！諦めない気持ちが大切だよ！！）

（え〜…何度も同じことの繰り返し…疲れるし飽きてきたよ…）

●子どもと先生のつまずき

　「子どものためには何度も繰り返すことが大切……」と考えて、単純な運動を繰り返して、トレーニング的に扱ってしまうことはないでしょうか。重要な基礎感覚や技能を身に付けるための運動でも、単純な繰り返しでのトレーニング的な扱いは、子どもにとっては苦しい運動となってしまいます。

　「じゃんけん」を取り入れながら「ゲーム化」して、いつのまにか何度も繰り返して、基礎感覚や技能を育んでいけるようにしましょう。

ここに焦点化！　　ゲーム化する

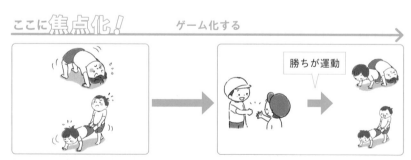

勝ちが運動

「じゃんけんに勝った方が運動をする」というルールにすることが有効です。じゃんけんを楽しみながら、運動の繰り返しによる感覚づくりをねらうことができます。

動き出したくなる子どもたち

　単純な繰り返しの運動に「じゃんけん」を取り入れるだけで、子どもたちは動き出したくなります。逆に、単純な繰り返しでのトレーニング的な扱いをすると、何度も同じことの繰り返しに飽きて疲労感を感じてしまいます。さらに「じゃんけんに"勝った方"が運動」というルールにすることで、勝っても負けても何度も繰り返し「じゃんけん」に挑んでいきます。

様々な対抗戦やいろいろな運動で、アレンジを…

　上記の先生の吹き出しにあるように班の数字で「赤帽子・白帽子」というようにクラスを半分に分けたり、「運動会の紅白」や「男子・女子」でクラスを半分に分けたりします。様々な編成方法でクラスを半分に分けることで、飽きずに繰り返し取り組むことができます。

　他にも鉄棒を使った「ふとんほし、こうもり」、体育館の壁を使った「よじのぼり逆立ち」等、様々な種類の運動にアレンジできます。上述のクラスを半分に分けた対抗戦だけでなく、「１班対２班・３班対４班…」というように班対抗戦で行うこともできます。じゃんけんをして勝ちの人数を競う等、様々に「ゲーム化」しながらアレンジすることができます。

しかけ 3 「ゲーム化する」 2
陸上運動「折り返しリレー」低・中

しかけ ✕

> 走るの苦手なんだよな
> 私のせいで、負けたらどうしよう

> みんなが大好きな
> リレーをするよ。
> 各班で力を合わせて
> がんばって！

> 走るのが苦手
> な子をどうし
> ようかな？

> 全員が
> 楽しんで
> ないな。

> 今回のリレーも
> このチームが
> 優勝だ！

●子どもと先生のつまずき

　リレー走は、走ることが苦手な子にとってとても苦痛な時間になります。先生の声がけも「頑張れ！」としか言えません。

　「自分のせいで負けてしまったらどうしよう」と運動に対して、前向きな気持ちになりません。

　また、チームの記録に焦点を絞ってしまうと、「○○さんがいるから、どうせ記録はよくならないよ」や、自分たちのチームのことばかりに気持ちが注がれ、他チームのことは考えずに取り組んでしまいます。

ここに焦点化！

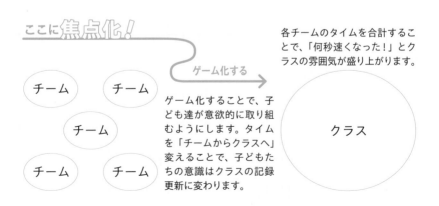

ゲーム化する

各チームのタイムを合計することで、「何秒速くなった！」とクラスの雰囲気が盛り上がります。

ゲーム化することで、子ども達が意欲的に取り組むようにします。タイムを「チームからクラスへ」変えることで、子どもたちの意識はクラスの記録更新に変わります。

チーム　チーム　チーム　チーム　チーム　クラス

「自分ごと」から「クラスのために」へ

　クラスの記録更新へ向けて取り組むことで、走ることが苦手な子も安心して参加できるようになります。

　毎回記録を発表し、自分たちのクラスの記録が更新されることで、自分のがんばりが新記録へ繋がっていること（貢献したこと）が実感できるので、次の活動への意欲も高まります。

記録更新へ！全員の気持ちが一つに！

　全員が「記録更新」という目標へ向けて、気持ちが一つになると自然と前のめりになって取り組む姿を、多く目にすることができます。また、他のチーム・他の友だちの姿を見るようになります。そうなると、次のようなよさがあります。

① 「がんばれ！」や「いいぞ！」という前向きな言葉が多くなる。

② 「もっとコーンは小さく回ってみるといいよ！」と子ども同士の対話（アドバイスを含め）が多くなる。

　雰囲気がよくなることはもちろん、記録更新に直結する技能も高まります。

体つくり運動 「8の字とび」 中

しかけ ❌

●子どもと先生のつまずき

8の字とびに入ることができず、困ってしまっています。先生は励ましたり、責めないようにしたりしていますが、他の子どもたちもどうすればいいか悩んでいます。

長縄は、繰り返し取り組むことが多く、苦手な子にとってつらい時間になることも多いです。縄に引っかかってしまうことが繰り返されると学習への意欲が続きません。2分間で何回とべるか数えてみようと取り組んでも全員の子どもたちが進んで取り組むことは難しいです。

ここに焦点化！

2分で何回とべるか
数えてみよう！

ゲーム化する

全員で、〇〇回とべるかという課題を提示することで、子どもたちが関わり合って学ぶことができます。

2分で、
80回とべるかな？

関わりたくなる子どもたち

　時間内に何回とべるか数えるのではなく、「〇分間に〇〇回とべるか」という課題を設定します。クラスで達成を目指す「ゲーム化」をすることで、子どもたちの関わり合いが増え、出てきた課題を解決しようという姿勢が生まれます。

クラスみんなで達成する課題へ

　個人の目標から、クラスの目標にすることで子どもたちが関わり合う必然性が生まれます。もちろん学級経営の視点でも協力する姿勢が養われます。クラスの記録を達成するために友達にどんなアドバイスをすればよいのか、クラスでできることはあるか考えます。課題設定の工夫だけでなく、縄の中心で跳ぶことができるように白線で印をつけたり、口伴奏をしたり補助をすることも有効です。最後に、振り返りで達成できた理由などを考えさせると、運動のポイントや苦手な子の頑張り、上手なアドバイスなどが取り上げられます。

陸上運動 「幅とび」 中

しかけ ❌

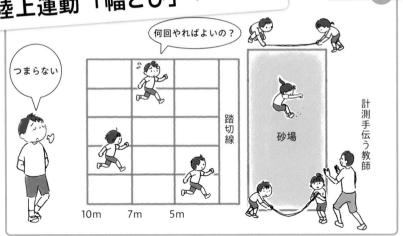

● 子どもと先生のつまずき

「つまらない」「何回やればよいの？」。子どもたちは同じ動きを繰り返すことで退屈しています。先生は、計測の仕方がわからない子どもにつきっきりで、クラスの様子を把握できていません。

幅とびは、同じ動きを繰り返すため、子どもが飽きやすい側面があります。記録の伸びをみようとすると、毎回計測を行う必要があり、計測や砂場を柔らかくする作業にたくさんの時間が必要です。また、子ども同士の関わりも少なくなってしまいます。

ここに焦点化！

ゲーム化する →

ゴム紐で「得点化」を取り入れ、子どもたちが競い合いながら楽しめるようにすることが重要です。

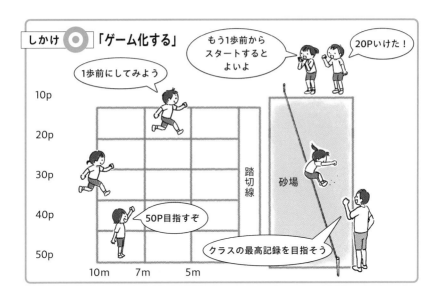

動き出したくなる子どもたち

　同じ動きを楽しんで行えるように「得点化」をします。そうすることで、子どもたちは同じ動きでも、得点を競い合い、前向きな姿勢が見られるようになります。苦手な子も得点をチーム戦にすると協力できることから楽しんで運動することができます。

「つまらない」から「やりたい」「できる」へ

　ゴム紐を両足で踏んだら得点をもらえるようにすると、計測する手間もなくなり、何回もポイントを伸ばそうと意欲的に取り組む姿が引き出されるようになります。「個人で何ポイントとれるかな？」と個人の記録の伸びを目指す方法や「チームで何ポイントとれるかな？」とチーム対抗戦にすることで、子どもたちの「もっとやりたい！」「記録を更新したい！」を引き出すことができます。チーム対抗戦にすると「～さん、もう少し高くジャンプするとよくなるよ！」や「助走を１歩短くしてみよう！」といった班の中の関わり合いが生まれ、アドバイスが活発になります。友達からのアドバイスは、意欲の向上と「わかる・できる」にもつながっていきます。

しかけ3 「ゲーム化する」⑤

陸上運動 「8秒間走」 高

しかけ ✕

（吹き出し）いつも負けてばかりでつまらない

（吹き出し）授業だから、がんばろう！

●子どもと先生のつまずき

　複数人で一斉にスタートする短距離走。毎回１番はやくゴールする子、そして最下位になってしまう子がほとんど決まっている中で繰り返されています。足のはやさは固定化され、毎回最下位になってしまう子は、どんなに頑張っても勝てず、意欲が減ってしまいます。

　また、走るメンバーを変えてみても、遅い子にとっては勝つことが難かしく、走ること自体を嫌がるようになってしまいます。

ここに焦点化！

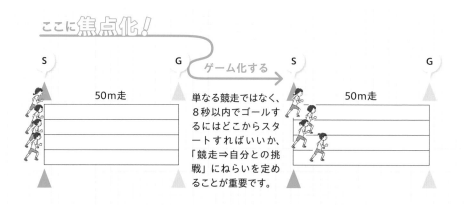

ゲーム化する

単なる競走ではなく、8秒以内でゴールするにはどこからスタートすればいいか、「競走⇒自分との挑戦」にねらいを定めることが重要です。

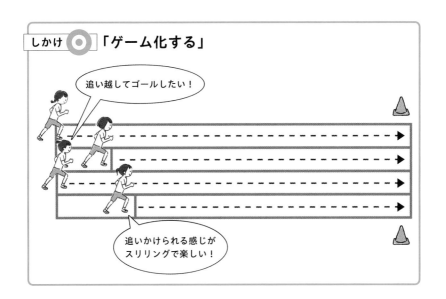

やる気が出てくる子どもたち

　「8秒間でゴールにたどり着くことができるように、スタート位置を決める」これをねらいとするだけで、走力で順位が決まることはなくなります。誰が一番にゴールにたどり着けるかわからないため、走っている子どもたちもハラハラドキドキの展開です。そして、8秒でゴールを駆け抜けられた人は、次はスタート位置を後ろに下げます。そうすることで、自分自身の走力の伸びを実感できます。8秒以内にゴールできなかった子は、スタート位置をもう少し前にします。そうすることで、8秒以内にゴールできたときの爽快感を味わうことができます。

自分自身の現状の力と成長を感じるスタート位置の変更

　友達と走るために、追い越す（追い越される）ゲーム性があります。また、自己の走力に応じてスタート位置を決めることことは、相手との競走だけではなく、自分自身の課題を達成するための学習となります。学習を積み重ねていく中で、最初のスタート位置より少しでも後ろに下がることで、自分の成長を感じ取るきっかけにもなります。

しかけ4 「たとえる」 ①
体つくり運動「動物歩き」 低

あと○秒も…
辛いな。
疲れるし、
つまらないな。

あと○秒
がんばれ！
もうちょっとだ！

●子どもと先生のつまずき

　走ることは得意だけれど鉄棒やマットを使って逆さになったり回ったりすることが苦手な子ども、何をするにも動きがぎこちない子どもがいます。運動経験が少なく、腕支持感覚や手足の協応感覚が養われていないことが影響しています。そこで腕支持感覚や手足の協応感覚などの基礎感覚を養うために、授業で腕立て伏せのようなトレーニングメニューに子どもが取り組んでいる様子です。子どもは単調な動きを繰り返すので疲れてしまうだけではなく、やる気も喪失してしまっています。先生は、励ます声をかけますが、徐々に重たい雰囲気になっていきます。

ここに焦点化！

たとえる

子どもが楽しく基礎感覚を養うためには、動物に「たとえて」楽しく動物歩きができるようにすることが重要です。

動物歩き

参加したくなる子どもたち

　様々な動物に「たとえて」動物歩きをすることで子どもの「まねしてみたいな」「やってみようかな」という気持ちを引き出すことができます。動物歩きのポイントは楽しく遊びながら繰り返し運動を経験することができる点です。また、動物の仕草や鳴き声などもまねして運動することで子どもたちの歓声も増え、授業が活気づきます。先生に「やらされている」状況から子どもが「やりたい」と前向きに授業に参加することができるようになります。

「つまらないからやりたくない」から「やりたい」「できた」へ

　子どもが楽しみながら繰り返し運動を経験することで徐々に基礎感覚を養っていきます。また、動物に「たとえる」ことで楽しく遊びながら取り組めます。さらに子どもたちの「やりたい」「できた」を引き出すためには、しかけの「ゲーム化する」と組み合わせると効果的です。動物歩き折り返しリレーなどゲーム化することで子どもは動物歩きに没頭します。子どもが何度も動きを繰り返し、運動経験を積み重ねることを通して基礎感覚は養われ、様々な運動に生かされていきます。

しかけ4 「たとえる」2
水泳運動「浮く・潜る」低・中

しかけ ✕

さあ潜ってみよう〜

水に顔をつけるの怖いなあ

●子どもと先生のつまずき

　先生としては、顔に水をつけたり、潜ったりすることはできていてほしいと思っているようですが、子どもは、水への恐怖心でとまどっているようです。

　子どもたちの中には、水に顔をつけることに慣れていない子もいます。水の感触や息を止めることを強く意識し水への不安が強くなってしまいます。はじめの方の活動で水泳の学習に意欲を無くしてしまうと水に慣れる機会をつくることも難しくなってしまいます。

ここに焦点化！

たとえる →

水中での動きを動物に例えて、楽しみながら水に慣れさせるようにしましょう。

しかけ ◎「たとえる」

参加したくなる子どもたち

　水への恐怖心はすぐになくすことはできません。水に慣れるスモールステップを考えながら、動きを動物にたとえてなりきるように声をかけます。子どもたちは先生の動きを真似して水に顔をつけたり、もぐったりします。

「やりたくない」から「やってみよう」「できた」へ

　中学年以下の運動では、「たとえる」しかけで楽しく様々な運動感覚を味わえるとよいです。水泳学習では、楽しんでいるうちに水が顔にかかったり、遊ぶために少し水に顔をつけたりすることができるように計画しましょう。

● 子どもと先生のつまずき

「マットに手をついて、とび越えてみよう」と先生が課題を示します。もちろん、これだけでは、子どもたちはどんな動きかイメージができません。そこで、先生がやってみせると、多くの子はそれを見てイメージをつかみます。

しかし、ひじを伸ばして肩に体重を乗せる感覚や、足で床を力強く踏み切る感覚に乏しい子は、先生の見本を見てもなかなか動きのイメージをつかむことができません。また、容易にとび越えることができる子にとっては、単調な動きに飽きてしまうことも少なくありません。

ここに焦点化！

運動のイメージが
持てない子ども

たとえる

力強く踏み切って、ひじを伸ばして体重を肩に乗せる動きを誘うことが必要です。簡単にできているように見える子も、繰り返し行いたくなることが大切です。

動き出したくなる子どもたち

　マットを「ワニのいる川」にたとえることで、力強く踏み切って越えたいという気持ちを誘います。冒険性が出てきて、得意な子も繰り返し取り組みたくなります。また、腕を「棒」にたとえることで、棒を支えにして川を渡るイメージをもたせ、ゲームのような気持ちを引き起こします。そうすることで、ひじを伸ばして体を支える感覚も高まります。

大まかなイメージをつかんで「わかる」「できる」へ

　はじめは最初からマットに手をついて、両足で同時に踏み切ってとび越す形で十分です。しかし、「ワニがいる」イメージがわかっている子は「はじめから手を川に入れていたらワニに手が食べられる……」と考えるかもしれません。そうした子がいなければ、先生から示してもいいでしょう。すると、手をマットから離した状態からスタートしたくなります。マットから手を離すと、どちらの手からマットに付けるのか、どちらの足から踏み切った方がいいのか、といったことも考えるようになります。「前に出した足と同じ側の手からつく」ことがわかると、側方倒立回転に近い、大きな回転ができるようになってきます。

表現運動「忍者」 低・中

しかけ ❌

● 子どもと先生のつまずき

　先生が「音楽に合わせて、体を大きく動かしましょう」と指示を出して
も、子どもたちは「どのように動いてよいのかわからない、できない」と
いったつまずきが想定されます。

　また「忍者のようになってみよう」という指示もややあいまいです。誰
か一人が忍び足のような動きを見せると、他の子も忍び足の動きを行い、
結果的にクラス全体が同じ忍び足を行っているだけ、といったつまずきも
想定されます。

ここに焦点化！

たとえる →

子どもたちがより
体を上下左右に大
きく動けるように
なるために、具体
的な状況設定を伝
えると効果的です。

敵が頭をねらって
きた！　低くかがもう！

しかけ ◎ 「たとえる」

敵が頭ねらってきたぞ！よけろー！

大きな岩があった！一旦、隠れよう！

よし、低くかがむぞ！

参加したくなる子どもたち

　「忍者になってみよう」という課題をより具体的なストーリーとしてたとえていきます。

　「お城に忍び込んで、宝の場所がかかれている巻物をゲットしよう！」と子どもたちに投げかけます。先にゴールを示すことで、子どもたちがただ動くのではなく、目的・見通しをもって動けるようになり、進んで参加するようになります。

「よくわからない」から「わかった」「できた」へ

　「忍者になってみよう」の指示では動くことが難しい子どもたちも「敵が手裏剣で頭をねらってきたぞ、よけろー！」「足元にも跳んできた」という指示で低くかがんだり、ジャンプしてよけたりと体を上下に動かすようになります。また「大きな岩が上から落ちてきた」では、横に転がってよけるような動きなども出てきます。

　出現した「かがむ・ジャンプ・転がる」という動きを「サッ・ピョン・ゴロン」などの合い言葉に変換すると子どもたちは理解が深まり「わかった」「できた」子どもの姿へと変容していきます。

しかけ4 「たとえる」5
器械運動「開脚後転（マット）」 中・高

しかけ ❌

できた！
でも、
なんでだろう…

よし！
この子は
できてるから、
他の子の
指導にいこう…

●子どもと先生のつまずき

　開脚後転は後転ができる児童にとっては、取り組みやすい発展課題です。そのため、「うまく説明はできないけれど、できちゃった」という子が出てくることが想定されます。この「うまく説明はできない」の部分を子どものつまずきと捉えます。

　また、先生のつまずきとして、「できる」の部分に意識が向きすぎるがあまり、「わかる」の指導まで至らないつまずきが想定されます。

　子どもが自らの体をどのようにコントロールしているのか、言語化させることはとても大切な学習となります。

ここに焦点化！

押して
パカッ！

たとえる →

課題にせまる必要性をもたせることは大切です。話をする相手が明確な仮の状況設定にたとえることで、子どもたちはイメージを具体化させていきます。

参加したくなる子どもたち

「もしも、下級生にアドバイスするとしたら？」という仮の状況設定を子どもたちに提案します。「なぜ、できるようになったの？」といった広い発問の仕方より、具体的な対象者をイメージさせる方が効果的です。言語化する必要感をもって学習に取り組むようになります。

「よくわからない」から「わかった」「伝えたい」へ

仮の状況設定を提案しても言語化することが難しい子もいることでしょう。その場合は「ひざはどうなっている？」「手の使い方は？」「足はいつ開くの？」と体の部位を指定して、その部位をどのように動かしているのかを問いかけていきます。

また、「1つ下の学年だったら？」「低学年だったら？」などとアドバイスする対象の年齢を変えることで、技能ポイントを口伴奏に言い換えたり、オノマトペにしたりと多様な言語化が生まれるきっかけにもなります。

●子どもと先生のつまずき

　回転をするためには勢いが必要。先生は「勢いをつけよう！」とアドバイスしますが、子どもは「勢いをつけることが大切なのはわかるけど、どうしたら勢いがつけられるんだろう…」と困っています。

　勢いをつけるためには、「重心移動」を利用することが有効な方法の一つです。これを、具体的に体の動きとして教師が理解し、子どもたちが気付けるように具体的に指導しないと、子どもたちはいつまでもコツがつかめない状態になってしまいます。

ここに焦点化！

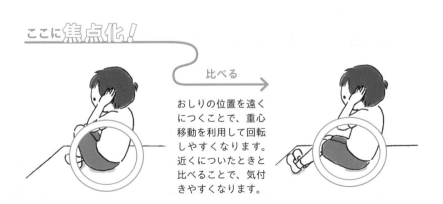

比べる

おしりの位置を遠くにつくことで、重心移動を利用して回転しやすくなります。近くについたときと比べることで、気付きやすくなります。

見るポイントを絞って比べる

　お尻を遠くに付け、勢いよく回転している子をお手本にします。先生は、「なぜか勢いがつけられない子」の代表として、お尻を近くにしてやってみせます。「お尻がどこについているか、よく見ていてね」と視点を示すと、比べやすくなります。見てわかりづらい場合は、お尻がついた場所に帽子等の目印を置かせてみます。代表の子によく見ていてもらい、2人のお尻がついたところに帽子を置いてもらうと、視覚的にわかりやすくなります。

体の部位に着目して、「わかる」「できる」へ

　ポイントがわかった子は、思い切って試すと意外と簡単に回ることができ、「できた！」と喜びます。一方、遠くに着く感じがつかめない子には、どのあたりにお尻をつくとよいのか、帽子を置く等して目印にしてあげると、わかりやすくなります。また、お尻を遠くに着くだけで回転につながらない子がいる場合、「お尻をついた直後の姿勢変化」を比べてみるとよいでしょう。回れる子は「お尻をつくと同時に後ろに倒れこむ」動作ができています。体の部位に着目して動きを比べることで、「わかった！」「できた！」が増えていきます。

ゲーム「ハンドテニス (ネット型)」中

うまくいかないな。
ポイントもわからないよ…。
どうやったらいいか、
見当もつかない。

「どうはじいたら、相手に
ボールがいくと思う？」
いつも決まった子の
考えになってしまうな。
みんな、難しそう。
どうやって気がつかせて
あげようかな。

●子どもと先生のつまずき

　2対2で行う、つなぎっこハンドテニス。「どう弾いたら、相手にボールがいくと思う？」の問いかけに、「何を答えたら…」と自分の考えがもてずに困ってしまいます。相手にボールを返そうとするけれど、手に当たらなかったり、全然違う方向にとんでいってしまったりと、うまくポイントを見つけることができません。「しっかりボールを見ればいいよ！」の先生のアドバイスも、具体的にどう動いたらよいのかわからず「一生懸命やっているんだけど…」と、楽しめなくなってしまいます。

ここに焦点化！

比べる

 「手はどの形がいい？」

複数の選択肢を作り、
子どもたちが比べて
気が付けるようにし
ます。選択肢がある
ことで、実際に試し
ながら自分の考えを
持つことができます。

A グー 🤛　　B パー 🖐

全員の「考えてみたい！」を引き出す

　「どうしたらいい？」といった、あいまいな問いかけでは、何を考える
のかわからずに困ってしまう子がいます。そこで、「おへその前で、パー
で弾く」の学ばせたい内容を含めた選択肢を用意し、「どれだと思う？」
と子どもたちに問いかけます。選択肢を提示し、比べさせることで「もし
かして、こっちかも？」と、自分の考えをもって学習にのぞめるようにな
ります。さらに、子どもたちはクイズを出題されたときの楽しい気持ちが
わき起こり、前向きで勢いのある授業の雰囲気が広がっていきます。

2人で「比べる」学び合い

　子どもたちの「早くやってみたい」の心に火がついたところで、「ペア
で確かめてきて」と伝えます。子どもたちは実際にボールを弾きながら、
「Aは違う気がする。…やりにくい、違うね」「私はBだと思う。ほら、や
っぱりそうだね」と、友達とコミュニケーションを図っていきます。選択
肢があることで自分の考えを表出しやすく、比べることで2人の考えを深
めていくことができます。そして実感をもちながら、よい弾き方に気が付
き、自分で見つけた知識として身に付けていくことができます。

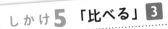

しかけ5 「比べる」 3
陸上運動 「幅とび」 中・高

しかけ ✗

●子どもと先生のつまずき

　幅とびは、シンプルな運動であるものの、どうやって遠くにとぶかと質問をされても、はっきりと答えられないことが多いです。なんとなく助走を思いっきりすればよさそうとか、踏み切る角度について意見が出ますが、これでは運動をしながら何を考えていけばよいのかわかりません。先生も今日は「高くとぶことを意識しよう！」とは言わずに、子どもたちの考えを大切にして学習を進めようとしていますが、うまくまとまりません。

ここに焦点化！

遠くにとぶためには、どうすればいいかな？

比べる →

子どもの思考を大切にする場面もありますが、2つの場面を「比べる」課題を提示することで、学習を焦点化させることができます。

「前にとぶのと、高くとぶのと、どちらが遠くにとべると思う？」

動きたくなる子どもたち

　2つの動きのどちらが遠くにとべるのか「比べる」質問をされたことで、子どもたちは自分の考えを持ちやすくなります。そして、その考えが正しいのかどうか、実際に動いて確かめたくなります。自分が選んだ方はもちろん、選ばなかった方も試してみることで、どちらが有効であるのか、学習のポイントを理解していきます。先生も子どもたちに「前と高めどっちが遠くにとべた？」と視点を明確にして声をかけることができます。

「どれが大事なのかわからない」から「どっちなんだろう？」へ

　オープンな質問は、子どもたちの自由な考えを聞くことができますが、取捨選択が難しいです。結果として強引に学習の流れを作ってしまうことにもなりかねません。運動のポイントが明らかな場合は、「比べる」しかけを用いた発問、課題設定をします。子どもたちは、焦点化された課題を考えながら、意欲的に運動に取り組むことができます。教師側としても、その時間は、高さに着目したアドバイスや価値づけをするという視点が定まり、子どもたちへの声掛けがしやすくなります。

器械運動「壁倒立（マット）」高

●子どもと先生のつまずき

「どうしてバランスがとれているのかな？」先生がポイントの確認をしています。全体の前で見本を見せ「どこを見るとよいか」について子どもたちに気付いてほしいと思っています。

壁倒立をするときにはバランスをとる必要がありますが、曖昧な問いかけでは、子どもたちが何に着目してよいかがわからず、様々な部分に着目してしまいます。そうすると教師が気付いてほしいポイント以外もたくさんでてしまい、混乱してしまいます。

ここに焦点化！

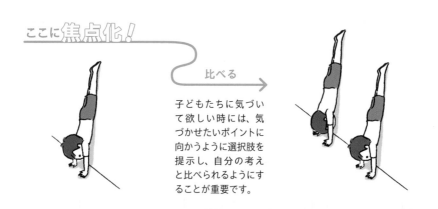

比べる

子どもたちに気づいて欲しい時には、気づかせたいポイントに向かうように選択肢を提示し、自分の考えと比べられるようにすることが重要です。

動き出したくなる子どもたち

　「視線はどちらがバランスをとりやすいかな？」と子どもたちに問いか
けます。そして、２つの壁倒立を比べます。そうすることで、子どもたち
は自然と視線に着目し「自分と同じだ」「違うけどどっちだ？」と考え、
動き出したくなる子どもの姿が引き出されます。

「わかる」から「できる」へ

　はじめは「どこがポイントなの？」と、どこを見たらいいかわからない
子どもたち。しかし、先生が「視線はどちらがバランスをとりやすいか
な？」と問い返すことで、子どもたちは深く考えだします。すると「実際
にやってみたい」と、確かめたくなります。「じゃあ、確かめてみよう」
と体験することで「こっちだ！」と自分たちで正解を導き出す子どもの姿
が引き出されます。
　実際に行う際には、帽子を視線の先に置くことで意識しやすくなります。
その時に「視線と手で三角形」という合言葉をつくると、まわりで補助し
ている子どもたちが声をかけられるようになり、常に意識して取り組める
ことから「できる」につなげることができます。

●子どもと先生のつまずき

「どうやってボールをもらったらシュートしやすい？」先生が課題の確認をしています。課題を設定し「空間に走りこみながらのボールのもらい方」について子どもたちに考えてほしいと思っています。

攻防の展開がはやいゴール型では走りこみながらボールをもらう必要がありますが、曖昧な問いかけでは、子どもたちが何を意識してよいかがわからず、考えることができません。また、一方的に先生が教えても、子どもたちにはポイントのよさが伝わらず、動きに取り入れることができません。

ここに焦点化！

比べる

子どもたちに気づいて欲しい時には、気づかせたいポイントに向かうように選択肢を提示し、どちらがより課題を解決するために良いか示すことが重要です。

動き出したくなる子どもたち

　「どちらのもらい方がはやくシュートできるかな？」と子どもたちに問いかけます。そして、２つのボールのもらい方を比べます。そうすることで、何を考えればよいのか、はっきりさせることができます。さらに、「手に注目して見て」と視点を焦点化させることで、違いがより分かりやすくなり、「自分はどうしてたかな？」と考え、動き出したくなる子どもの姿が引き出されます。

「わかる」から「できる」へ

　はじめは「どこがポイントなの？」と、考えるポイントがわからない子どもたち。しかし、どちらの動きがよいか考える選択肢を示したり、視点を焦点化させたりすることによって、子どもたちは何がポイントか考えることができます。すると「こっちの方がよさそう」「自分もやってみよう」と、確かめたくなります。

　実際に行う場合には、得意な子の動きと先生の間違いを比べたり、先生が大げさに動いたりすることによって、より「わかる」に近づけることができます。また、自分の動きを確認する方法としてICTなどを用いて動きの違いに気付かせることもよいです。

●子どもと先生のつまずき

　「正しい投げ方のポイントは、どこでしょう？」と先生がボール投げのときの正しい投球動作を説明しています。正しい身体の向きを伝えようと、何度も何度もお手本を見せています。

　投動作は、下半身と上半身を連動させて行う複雑な動作です。正しい手本を見せるだけでは、どこが動きのポイントなのかわかりにくくなります。また、自分の動作とお手本を比べるときもどこを見たらいいのか、何を考えたらいいのかが、曖昧になり、困ってしまうこともあります。

ここに焦点化！

間違える →

正しい投球動作に導くために、あえて先生が足を「逆」に出す間違いをすることで、子どもたちが違和感を感じ、ポイントに気付けるように促していきます。

考えたくなる子どもたち

　「あれ？先生うまく投げられないなぁ。助けてくれる？」と子どもたちに問いかけます。そして、利き手と同じ方の足が前に出てしまう間違えた投げ方を提示します。子どもたちは、先生を助けようと「どこがおかしいのかな？」「何が間違っているのかな？」と目を輝かせて考え始めます。

「わかる」から「できる」へ

　はじめは「なんか変だなぁ」しか言えない子どもたち。しかし先生が「どこが違うの？」と問い返すことで、子どもたちの思考が深まっていきます。それでも気付きが得られない子には「どこが逆になっているかな？」とさらに具体的に問いかけるのも有効です。すると、「足が逆だ！」ということに気が付きます。

　実際に行う際には、「左足（右足）前、右手（左手）は後ろ」や「体はカニさん、ボールを引いて」など、子どもたちと合言葉をつくると、みんなで声をかけ合いながら取り組めるようになり、常に体の向きを意識して取り組めるようになることで、「できる」につながっていきます。

しかけ **6** 「間違える」**2**
体つくり運動「あやとび」 低

「こうやると上手く跳べるよ！」先生が、あやとびの跳び方を説明しています。「腕の使い方」に気がついてほしいと、あやとびを何度も跳んで見せています。しかし、子どもたちは、「え？どこをがんばったらいいの？」と、とまどってしまっています。

あやとびは、「ジャンプする」「縄を回す」「縄を交差する」といった様々な要素が組み合わさった運動です。「こうやると」といった曖昧な伝え方では、子どもたちはどこを見たらいいのか、何を考えたらいいのかが、わかりにくくなります。

ここに焦点化！

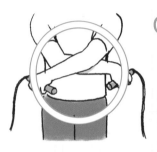

「間違える」→

あやとびで、縄がひっかからないようにするためには、腕を肘の部分で交差し、縄が体から大きくはみ出すことが重要です。

しかけ ◎ 「間違える」

> うまく
> いかないな。
> どうしてだろう？

> あれ、
> 腕の部分が
> ちがうぞ？」

動き出したくなる子どもたち

　「ねえ、先生うまく跳べないんだけど、どうしたらいいと思う？」と子どもたちに問いかけます。

　そして、あやとびの腕の使い方を大げさに間違えた跳び方を提示します。そうすることで、子どもたちの視線が自然と腕に集まり、「ん？なんか変だな」「どこが変なんだ？」と考えたくなる子どもたちの姿が引き出されます。

「わかる」から「できる」へ

　はじめは、「腕が違う！」しか言えない子どもたち。しかし、先生が「どこが違うの？」と問い返すことで、子どもたちは深く考えだします。すると、「手をバッテンさせる場所が違う」ことに気が付きます。「じゃあ、腕のどこの部分をバッテンしている？手首？肘？その間の場所？」とさらに掘り下げることで、「え、どこだろう？ちょっとやってみたい」と動き出したくなる子どもの姿が引き出されます。「縄を大きく体からはみ出させるために、腕までばってんしたほうがいい」と、試行錯誤した答えをみんなで共有し、「腕ばってん」の合言葉をつくります。その後の、できるための練習では、みんなで「腕ばってん」の合言葉をかけ合いながら練習します。

体つくり運動「8の字とび（むかえとび）」中・高

しかけ ✕

●子どもと先生のつまずき

「かぶりとび」は縄が自分から逃げていくのに対し、「むかえとび」は縄が自分に下から向かってくるため、むかえ跳びでは、「縄が目の前を通り過ぎたら縄の中に入る」というポイントがありますが、そのタイミングがつかめずに立ちすくんでしまう子どものつまずきが想定されます。

一方、先生も「勇気を出して」など、励ましに終始してしまい、具体的なアドバイスができないというつまずきがあります。

ここに焦点化！

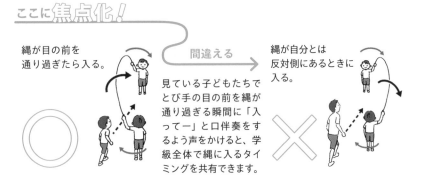

縄が目の前を
通り過ぎたら入る。

間違える

縄が自分とは
反対側にあるときに
入る。

見ている子どもたちでとび手の目の前を縄が通り過ぎる瞬間に「入ってー」と口伴奏をするよう声をかけると、学級全体で縄に入るタイミングを共有できます。

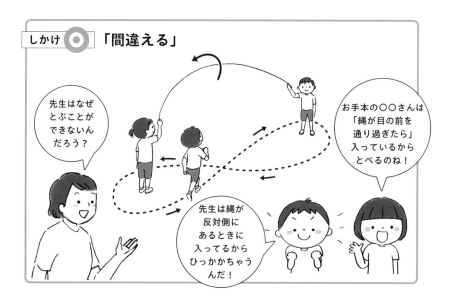

参加したくなる子どもたち

　「縄が目の前を通り過ぎたら入る」というポイントを子どもたちに気付かせるために、先生がわざと間違えた動きを見せます。縄が自分とは反対側にあるタイミングで入ろうとすると縄に引っかかってしまいます。

　そこで、縄が目の前を通り過ぎるタイミングで縄の中に入っている子どもをお手本にし、先生の動きと比べさせることで、ポイントに気付かせていきます。縄の中に入るタイミングがつかめたら、回し手が縄を回す姿を見ながら、「みんなで『入ってー』と口伴奏しよう」と投げかけます。そのことで、「入ってー」「入ってー」と学級全体で口伴奏が行われるようになり、縄の中に入れず立ちすくんでいた子も参加しやすくなります。

「わかった」は子どもが見つける

　「縄が目の前を通り過ぎたら入る」というポイントをはじめから教え込んでしまうと、子どもたちは受動的な学びとなってしまいます。ポイントについて子どもたちが「気付く」ことが大切です。そのために「間違える」というしかけは、子ども達にとって興味をひきやすく、課題を見つけようとする前向きな活動を促します。

しかけ ❌

● 子どもと先生のつまずき

「どうしてパスがもらえないのかな？」先生がポイントの確認をしています。全体の前で子どもたちに発問し、自分たちで見つけてほしいと思っています。

パスをもらうためには、相手から離れる必要がありますが、状況によっては、ポイントがたくさんあります。すると、子どもたちが何に着目してよいかがわからくなってしまうことがあり、先生が本当に気付いて欲しいポイントではない部分に注意がいってしまいます。

ここに焦点化！

間違える →

パスしてくれ！

パスをもらうポイントを見つけてほしい場合は、相手の真後ろに立ってわざと「間違える」ことで、相手から離れることに気づかせます。

動き出したくなる子どもたち

　「先生にパスして！」子どもたちに投げかけます。そして、わざと間違っている相手の真後ろの位置でパスを要求します。すると、子どもたちは「そこじゃパスできないよ！」と、意見を言いたくなります。

「わかる」から「できる」へ

　はじめは「どうしてパスがもらえないのかな？」と、様々な部分から探します。しかし、先生が大げさに間違った動きをすることで、子どもたちは「それじゃもらえないよ！」と、「間違った動きがどうしてダメなのか」に注目します。すると思考のスタートラインをそろえることができます。「じゃあ、どうすればよいの？」と、さらに問いかけると「相手から離れる」や「相手と重ならない」と理解をそろえることができます。

　理解をそろえると試合中に応援している子から「今、重なってるよ」というアドバイスが出るようになってきます。なかなか意識できない子もまわりが声をかけることで次第に意識できるようになり「できる」につながっていきます。

しかけ6 「間違える」5
球技「かっとばし（ベースボール型）」中学校

しかけ ✕

（吹き出し）どうして遠くまで飛ばせるのかな？

（吹き出し）どうしてだ？

●子どもと先生のつまずき

　「どうして遠くまで飛ばせるのかな？」先生がポイントの確認をしています。全体の前で見本を見せ「正しいバッティング」について子どもたちにポイントを見つけてほしいと思っています。

　バッティングでボールを遠くに飛ばすには「バットを水平に振る」「重心移動する」必要がありますが、曖昧な問いかけでは、子どもたちが何に着目してよいかがわからず、混乱してしまいます。そうすると教師が気付いてほしいポイントに気付くことができなくなってしまいます。

ここに焦点化！

間違える →

子どもたちに気付いてほしいときには、大げさにバットを斜めに振り「間違える」ことで、水平にバットを振る大切さに気付けるようにします。

うまく
うてないよ

先生、バットを
ななめに振ってるよ
まっすぐふらなきゃ

動き出したくなる子どもたち

　「先生、うまく打てないよ」と子どもたちに投げかけます。そして、バットを斜めに振る間違った見本を大げさに行います。そうすることで、視点が自然とバットの軌道に集まり「なんかおかしい」「斜めに振っている」と気付き、どのように振ると飛ばせるかを考えるようになります。

「わかる」から「できる」へ

　はじめは「どうやったら遠くに飛ばせるのかな？」と、視点が定まらない子どもたち。しかし、先生が大げさに斜めに振ることで、子どもたちは間違った動きに注目します。すると、遠くに飛ばせる子の打ち方と間違った打ち方を比べ「バットを水平に振った方がよい」と深く考えることができます。

　バットの軌道は目には見えにくいため、自分が水平に振っているつもりでも、斜めに振ってしまっていることがあります。そこでICTを活用し、スイングが水平になっているかを視覚的に確認することが重要です。正しい動きかどうかをメタ認知していくと、少しずつボールが飛ぶようになり「できる」につなげることができます。

器械運動「馬とび（とび箱）」低・中

● 子どもと先生のつまずき

　「ペアで馬とびを5回ずつやってみよう！」と先生が言います。とび箱の練習として、また準備運動や慣れの運動として、簡単にできるイメージを持っている場合があるかもしれません。しかし、友達の馬の高さに不安になってしまう子がいます。また、馬の子も「ひっかからずにとんでくれるかな。」と心配になることもあるでしょう。膝に手をついた馬の姿勢だけではなく、いろいろな馬の姿勢を知っていると、子どもたちも高さを選んで取り組むことができるようになります。

ここに焦点化！

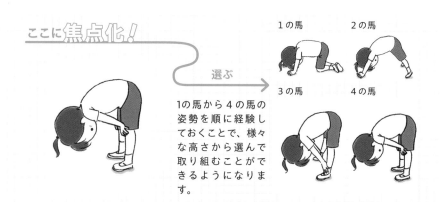

選ぶ

1の馬　2の馬　3の馬　4の馬

1の馬から4の馬の姿勢を順に経験しておくことで、様々な高さから選んで取り組むことができるようになります。

安心して楽しめる子どもたち

　1の馬から順番に全員で経験してみた後に、「じゃんけん馬とび」に挑戦します。じゃんけんをして、負けた子が馬になり、勝った子が5回程度とび越します。そのとき、勝った子が「何の馬にするか」を選んで、負けた子に伝えます。そうすることで、無理なくできそうな課題を選んで意欲的に取り組むことができます。相手をどんどん変えながら、挑戦しましょう。

楽しみながら感覚を高めていく

　馬とびを楽しみながら潤沢に経験することで、「踏み切り」「着手」「切り返し」といった、開脚とび等につながる感覚を高めることができます。一方で、馬となっている友達に体重を預けることが不安な子もいます。そうした子のためには、丸椅子等の簡単で安全にとび越せる器具を用意し、「とび越す感じ」をつかませることができればいいでしょう。馬でも挑戦してみる意欲が出てきたら、馬となっている子の背中を数度押してみて「崩れない」ことを確かめてから取り組ませると、安心して取り組むことができるようになります。

陸上運動「高とび」中

しかけ ✗

この角度で
この距離で
助走しましょう！

んー
自分で色々と
試して
みたいなぁ…

●子どもと先生のつまずき

　高とびの授業において先生から「このようにとぶんだよ」とはじめから指導してしまうことはないでしょうか。子どもたちは「斜めから助走してとぶ」「10m程度の助走距離でとぶ」「はさみとびを行う」など、その動きに意味があることを理解しないままに、授業が進んでしまうことがあります。

　中学年における高とびでは、「助走の角度」「自分に合った助走距離」などを発見させる時間をしっかり確保することが大切です。

ここに焦点化！

選ぶ →

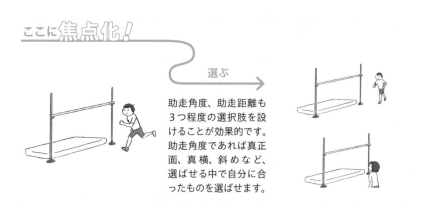

助走角度、助走距離も3つ程度の選択肢を設けることが効果的です。助走角度であれば真正面、真横、斜めなど、選ばせる中で自分に合ったものを選ばせます。

参加したくなる子どもたち

　「３つの角度を試してごらん」と子どもたちに投げかけるだけで、子どもたちはいろいろと試してみようとします。選択権を子どもたちに委ねることで、子どもたちは意欲をかき立てられ、課題発見・解決に向け進んで学習に取り組みます。

「よくわからない」から「わかった」「できた」へ

　「助走角度」については、高とびのゴムの高さが高くなるにつれて、真正面からでは限界があることに気がつき始めます。また、「この３つのどこかではなくて、ここ（４つ目）でもいいですか？」という声が出てくることもあります。個別に最適解を発見した一例です。選択肢を与えることで選択肢以外の考えが生まれることもあります。

　「助走距離」についても、短い助走では足りない、長すぎる助走では疲れてしまう、など子どもなりの様々な気付きが生まれることでしょう。その中で自分に合った助走距離を個々それぞれが発見していきます。

しかけ❌

● 子どもと先生のつまずき

　平場での「逆立ち」は難しくても、壁を使っての「壁逆立ち」なら『すぐにできるだろう』と、子どもたちに無理をさせてしまってはいないでしょうか…。「壁逆立ち」をするにも【分ける・減らす】で「頭つき逆立ち」から段階的に取り組みましょう。そうすることで、より多くの子どもたちが無理なく「壁逆立ち」に取り組むことができるようになります。また、「壁逆立ち」で同一の運動をするにも、細かな段階を設けることができます。段階（スモールステップ）を「選ぶ」ことで、より多くの子どもたちが「壁逆立ち」に前向きに取り組むことができるようになります。

ここに焦点化！

選ぶ

教師の補助→仲間2人の補助→仲間1人の補助→自分1人の力→片手、というように段階を選ぶことで、多くの子が「壁逆立ち」に前向きに取り組むことができます。

仲間同士の相互補助を大切に

　子ども同士の相互補助の方法は、安全面を考慮しながら丁寧に確認する必要があります。逆立ち姿勢になるために構えた時に、後ろに引いた方の足が最初に上がってくる足です。『イ〜チ、ニィの、サン！！』等のように、動きに合わせて【合言葉にする】と、安心して取り組むことができます。いきなり自力で足を振り上げることが難しい場合には、両足を着いた状態から取り組み、補助で足を持ち上げながら「壁逆立ち」の姿勢になることもできます。「壁逆立ち」の姿勢を繰り返し経験することで、恐怖心のある子どもも、抵抗なく足が振り上げられるようになっていきます。

自分で段階を選んだり、仲間と相談したりしながら…

　自分で段階を選ぶことで、安心して運動に取り組むことができます。子ども同士で補助を行うことで『少し軽くなってきたから、補助を減らして挑戦してみよう！』等のように、自然と関わり合いが生まれてきます。ポイントは【目線と着手位置で三角形をつくる、肘を突っ張って肩に体重を乗せる】です。補助をし合いながら班の仲間同士で、声をかけ合うようにしましょう。目玉マーク等の教具を活用することも有効です。

●子どもと先生のつまずき

　鉄棒のだるま回りは、経験している子どもが少なく、他の技よりも経験の差が少なくはじめられる教材です。しかし、これまでの経験で鉄棒に苦手意識がある子にとっては、不安なようです。反対に得意な子は、すぐにでもやりたそうです。先生としては、試しに動いてみて学習してほしいようですが……。

　このまま学習をはじめてしまうと、得意な子はどんどん運動を進めていき、苦手な子は、学習に参加できず、教材のよさを生かすことができません。

ここに焦点化！　　　　選ぶ　→

子どもたちが自分で補助の仕方、人数を「選ぶ」ことで、それぞれが安心してだるま回りの動きを経験することできます。

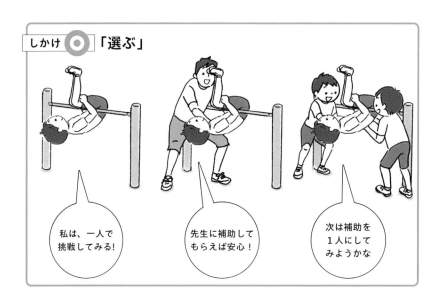

参加したくなる子どもたち

　子どもたちそれぞれに経験の差や考え方に違いがあります。だるま回りをすることは共通していますが、補助の仕方を「選ぶ」ことで、安心して運動に臨むことができます。前向きに学習をスタートすることができると、「次は補助を一人減らしてみよう」「次は補助なしで挑戦しよう」と意欲的に学習を進めていけます。

「やりたくない」から「やれそう」「やってみよう」へ

　教師補助や用具を使うことで、味わわせたい動きを経験することができる場合は、このように補助の仕方を「選ぶ」課題設定の仕方も有効です。事前に子どもたちの技能の実態を把握しておいて、それぞれが選んだ補助の仕方が安全であるかどうかは先生が確認をしましょう。その子にとって少し容易なものでも安心感を持って始められることも大切なポイントです。慣れてきたところで、１段階上の課題に挑戦するよう声をかけてみましょう。体の使い方はどれを選んでも同じなので、口伴奏を使って共通の学びを作ると円滑な関わり合いが生まれます。

●子どもと先生のつまずき

　「どこからシュートを打つと入りやすいかな？」先生が課題の確認をしています。課題を設定し「シュートが入りやすい場所」について子どもたちは考えています。

　シュートは「近くから」「角度をつけてボードに当てる」が簡単だと言われています。しかし、シュートを決めやすい場所がわからないと角度のないところから難しいシュートをしてしまい、なかなか得点できないことからやる気を失ってしまいます。

ここに焦点化！

選ぶ

自己の力に適した場所を選択できるようにすることで、積極的に運動に取り組めるようにすることが重要です。

動き出したくなる子どもたち

　「①②③どこからシュートすると入りやすい？」と子どもたちに投げか
けます。そして「自己の技能によってどこが入りやすいのか？」と考えを
深めることができます。チームでどこが入りやすいかを確認すると「〜さ
ん①にしてみると良いよ」や「②が入りやすいよ」と子どもたち同士で学
習を調整する姿が引き出されます。

「わかる」から「できる」へ

　場所を選択することで、自分の技能に合わせてどこが決まりやすいかを
考え、場所を変えます。すると「近くの方が決まりやすいから①だな」や
「少し離れた正面の②かな」と深く考えることができます。また、選択し
た後はその場所がシュートの得意ゾーンになります。「シュートを打つた
めに①に走る」など、ゲームにつなげることができます。選択肢がわかり
にくい子どもには、色の違うケンステップを用意し「黄色に走って！」と
いうように視覚的に選択肢がわかるようにすると「できる」につなげるこ
とができます。

●子どもと先生のつまずき

投動作は経験値の差が大きく、苦手な子が多く見られます。体をどのように動かせばいいのかわからないので、①投げる手と足が一緒になってしまう。②壁と向かい合い、体をひねることなく投げてしまう。③足を揃えたままで投げようとする子もいます。

指導する先生も、投動作のポイントを説明した後、投げることを繰り返すだけになりがちです。投動作で大切なことは、重心移動とひねり動作です。特にボールを投げた手で、踏み出した足（膝の辺り）を触るようにひねることを意識させます。

ここに焦点化！

合言葉にする →

「合言葉（みんなで唱える：口伴奏)」にすることで、投動作の「流れ」を確認しながら身のこなしを理解できます。子どもたちが、「投げる」という動きをイメージできる言葉（投動作の言語化）を唱えることで、動きに反映します。

線を引いて、またぐようにする（一歩踏み出す→重心移動を意識させます）。

「場」と「口伴奏」を使って参加したくなる子どもたちに

　体育館の壁に向かって取り組みます（校庭に投てき板があればそこで行います）。その前に目安として３ｍぐらいの線を引きます。→場の工夫。「線をまたいで！ どーす、こい！」という口伴奏を唱えながら投げる。→投動作の言語化による動きのイメージをしやすくします。この２点に焦点化し、「わかった！」「できた！」が増え、前向きに参加したくなります。

「わかった！」「できた！」を実感する

　「どーす、こい！」というシンプルでわかりやすく、唱えやすい言葉を使うことで、誰もがわかり再現しやすくなります。
　「どーす（前足を上げ、ボールを頭の後側に引く）」
　「こい！（一歩前に足を踏み出し、上半身をひねる）」
　クラス全員で唱えながら取り組み、投げる回数を保障してあげることで、「できた！」が実感できます。合言葉にすることで、動きの意味や効果を理解しながら取り組み、多くの「わかった！」「できた！」につながります。

器械運動「だるま回り（鉄棒）」中・高

しかけ✕

あれ？
膝を曲げたり
伸ばしたり
しているのに
回れないな…。

回り始めは
しっかり伸ばして！
起き上がる時に
ひざを曲げよう！

●子どもと先生のつまずき

だるま回りは、ひざの曲げ伸ばしで回転の勢いをつけることがポイントです。しかし、曲げたり伸ばしたりするタイミングをつかむことが難しい場合があります。できる子の運動を観察してタイミングをつかもうとしても、一瞬で動きが終わってしまうことと、鉄棒で逆さになることで位置感覚が狂ってしまい、自分の運動に生かすことがなかなかできません。

曲げ伸ばしするタイミングを言葉で説明しても、一瞬の運動の中で意識することはなかなか難しいものです。

ここに焦点化！

いつ曲げる？伸ばす？

合言葉にする →

周りで見ている子たちが、「伸ばしてー！曲げて！」と大きな声で応援してあげることで、運動しながらタイミングをつかむことができます。

伸ばしてー！曲げて！

見ている子どもたちも一緒になって学んでいく

　だるま回りに取り組む前に、「ふとんほしブランコ」で大きく振ることに慣れておくことが、まずは大切です。そのときから、ひざを曲げたり伸ばしたりするタイミングで、まわりの子が「伸ばしてー！曲げてー！」と「応援」として声をかけてあげるようにします。運動している子はそれを聞いてタイミングをつかむことができますし、応援している子たちにとっても、応援しながら曲げ伸ばしのタイミングを学ぶことができます。授業の雰囲気もよくなるため、「早くやってみたい！」という子が増えます。

「わかった」「できた」が連続していく学び

　運動している子は、「いつ曲げたり伸ばしたりするのか」をはじめのうちは意識することがとても難しいです。しかし、まわりがそのタイミングを教えてくれると、そのタイミングで動きやすくなります。慣れてくると、自分でも位置感覚がつかめてきて、自分の感覚でタイミングがわかってきます。タイミングをつかんでできるようになると、次々と回転数が伸びていく子が増えてきます。また、友達同士で教え合うことも比較的容易なため、「友達のおかげでできた」体験を重ねることにもつながりやすいです。

しかけ**8** 「合言葉にする」**3**
ボール運動「ハンドボール（ゴール型）」^{中・高}

●子どもと先生のつまずき

「頑張れ！」「動いて！」先生が、ハンドボールの授業で子どもたちに声をかけています。チームメイトも応援しています。子どもたちは先生やチームメイトに「動こう」と言われているので一生懸命動いていますが、なかなかボールをもらえません。

どこに動けばよいのか。なんという言葉でアドバイスをすればよいのか。みんなの共通のイメージや言葉がありません。このままプレーを続けていても、ボールがもらえず得点を取ることができません。

ここに焦点化！

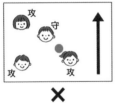

頑張れ！！ 動いて！！

×

合言葉にする →

ボールをパスでつないで運んでいくときに、全員が共通のイメージを持つことができるように、どこに動けばいいのかを共通の合言葉「右・左」とします。

ボールを持っている人の「右・左」！！

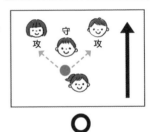

○

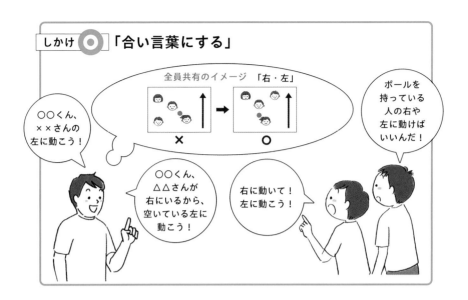

動き出したくなる子どもたち

　「ボールを持っていない人はどこに動けばよいかな？」と子どもに問い
かけます。子どもたちは「空いているところ」「人がいないところ」など
答えます。そこから、「ボールを持っている人の後ろでもよい？」「ボール
を持っている人のどっち側に動けばよい？」と聞き、ボールを持っている
人の『右・左』に動くという合言葉をつくります。そうすることで、どこ
に動くのがよいのかがわかり、安心して参加できるようになります。

「わかる」から「できる」へ

　はじめボールを持っていないときは、どこに動いてよいかわからない子
どもたち。見ている人も、「動いて」「頑張れ」など、抽象的な声がけしか
言えません。よい動きのお手本をみんなで見て、その共通したイメージを
合言葉にすると、ボールを持っていないときにどこに動けばよいかわかり、
動くことができるようになっていきます。また、見ている子どもたちから、
「右に動いて」「左が空いているよ」など、アドバイスの声がたくさん出て
くるようになります。さらに、先生も合言葉を使うことで、具体的な動き
の修正を入れることができるようになります。

水泳運動「平泳ぎ」 高

手は大きくハート
足はカエル足…。
教えてもらった
通りにやっているのに
どうして
進まないんだろう……

細かく
教えたのに…。
なかなか
上達しないなぁ。
ポイントが
多すぎたのかな

●子どもと先生のつまずき

　いよいよ平泳ぎの学習が始まりました。手の動き、足の動きと細かく指導したはずなのに……。子どもたちは、手足を一生懸命に動かして水中を進もうとしますが、なかなか思うように泳げません。

　平泳ぎは、手足のかき方だけでなく、呼吸と動きのタイミングを合わせることでスムーズに水中を進むことができるようになります。手足のタイミングやリズムを簡単な合言葉にして子どもたちと共有することで、コンビネーションのタイミングを覚えることができます。

ここに焦点化！

どうやったら
進むんだろう

合言葉にする →

手足を動かすリズムを「ける〜、のびる〜、パッ！」という合言葉にすることで、動作の順番や呼吸のタイミングを簡単に意識できるようになります。

合言葉に合わせて〜

のびる〜
ぱっ！

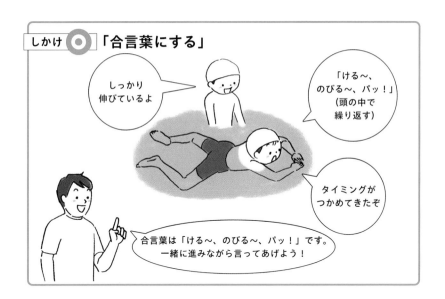

動き出したくなる子どもたち

　泳ぎのうまい子をモデルにして、コンビネーションのリズムが「ける〜、のびる〜、パッ！」の順番になっていることを理解させることで、子どもたちが合言葉に合わせて泳ごうとする姿が見られるようになります。また、合言葉という運動の視点があることで、ペア同士の教え合いが活性化するようになり、子どもたちがよく関わり合いながら、学びを深めていくようになります。

「わかる」から「できる」へ

　合言葉を意識してコンビネーションを身に付けさせることで、落ち着いてゆったりとした平泳ぎができるようになります。そこで、ストロークの回数を少なくして目標距離を泳ぐことを学習課題に設定します。そうすることで、子どもたちは伸びの時間を確保することが大切だと気付き、「もっとやりたい」と意欲的に取り組むようになります。一見、複雑な動きも合言葉にすることで、様々な感覚に働きかけながら理解させることができます。

●子どもと先生のつまずき

　ダンスの動きのポイントは「大きく」や「メリハリ」などあいまいな表現が多く、子どもたちが意識しづらいです。それを伝えようと「膝を曲げて」など具体的に指導しても、今度はリズムに合わせられなかったり……。

　子どもたちは先生の動きを必死に真似しようとします。しかし、「覚えられない」「動き方がわからない」とどんどん消極的になってしまうことはないでしょうか。

ここに焦点化！

合言葉にする

動き方やリズムを共有したいとき、意識させたいときには、動きをリズムに合わせて言語化し、「合言葉」とします。

動き出したくなる子どもたち

　ダンスの目標は「リズムに乗って全身で踊ること」です。カウントやステップを教え込んでしまうと「できた」「できない」になってしまい、苦手な子がさらに消極的になってしまいます。まずは動くことを目標として、「体のどこを動かすのか」「どのように動くのか」を焦点化させ、自然と意識できる合言葉ができると動きやすくなります。

「わからない」から「やってみよう」へ

　はじめは「動きがわからない……」と、苦手意識を持ってしまっている子どもたち。しかし、教師がリズムに合わせて合言葉を言いながら動くことによって、自然と一つ一つの動きを子どもたちが意識することができます。合言葉ではカウントではなく、「ひーじ」や「けってー」等使っている体の部位や簡単な動きを言うことによって、子どもたちは一緒に動きやすくなります。さらに、合言葉が身に付くと、練習や発表の場でまわりの子どもが口ずさむようになり、仲間の動きを補助したり、楽しむ雰囲気をクラス全体でつくったりすることができます。

しかけ9 「補助する」**1**

体つくり運動「ボール投げ」 低・中

しかけ ✕

力強く
投げてみよう！

●子どもと先生のつまずき

　ボールを壁に投げていますが、壁までボールが届きません。普段ボールを投げることに慣れていないため、「力強く投げてみよう！」と言われてもどのように投げればよいかわかりません。

　友達の投げている様子を見たり、「体をひねろう」など体の使い方についての助言を聞いたりしても、運動の経験が少ないと実際に「理解して」「体を動かす」ことは難しいです。

ここに焦点化！

補助する →

横を向いて、体をひねる「感じ」がつかめるように、教師が子供の腕を持ちます。前に出ている足を教師の足の上に乗せると動きを伝えやすいです。

教師補助

横を向いて
ひねって〜
なげる！

動きたくなる子どもたち

　動き方がわからず不安だった子どもも、先生の補助で安心して投げることができます。先生は、子どもを横に向かせ、後ろに立ち、腕を支えます。子どもの前に出ている足を自分の足に乗せ、「横をむいて～ひねって、投げる！」と動きと言葉を連動させながら、投げる「感じ」を経験させます。子どもは、「強く投げるってこういう動きなんだ」と経験することができます。

「動きがなんとなく分かる」から「自分でやりたい」「できた」へ

　何回か繰り返したときに、「なんとなく動きはわかってきたかな？」と問いかけます。「自分でやってみる」という意思を確認しながら、補助を減らしていきます。最初は足を乗せることをやめて、腕を持ちます。「横を向いて～…」の声かけは続けます。横を向いていることや体重移動ができていることを価値づけながら活動します。最後は、補助をしないで、動きの声かけだけをして、自分の力で投げられていることをほめていきます。教師の補助だけでなく、横を向くためにラインを使うことや掲示物を貼ることなどの視覚的な補助も重ねて使うと有効です。

●子どもと先生のつまずき

　逆上がりはとても難しい技であるという解釈もできます。しかし「逆上がりができない＝運動が苦手」というレッテルが子どもたち、先生、双方にある傾向があります。

　まずはそのような固定観念から脱却し、「補助でできるところから積み上げていく」というスタンスで逆上がりに取り組むとよいでしょう。

ここに焦点化！

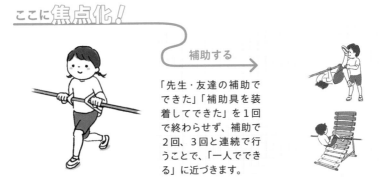

補助する →

「先生・友達の補助でできた」「補助具を装着してできた」を1回で終わらせず、補助で2回、3回と連続で行うことで、「一人でできる」に近づきます。

参加したくなる子どもたち

　まず学級内の理解として、逆上がりは「補助でできればよい」という考えを広めていきます。「倒立は一人で行うことは難しいよね。逆上がりも一人でできることにこだわらなくていいですよ」という雰囲気を学級内に広めていきます。補助ありきの技であることを意識化することで、逆上がりができない子も「これならできるかも」という気持ちをもつことができます。

「やりたくない」から「これならやってみよう」へ

　補助については先生または子どもによる補助・教具補助があると思います。
　先生または子どもによる補助のポイントとして3つあります。
①試技者と鉄棒をはさんで子どもの反対側に立つこと
②片手で子どもの腰を鉄棒に近づけるように持ち上げ、もう一方の手で振り上げ足の膝裏を持ち上げ、鉄棒の上に持ち上げる
　教具補助については「逆上がり補助板」「逆上がり用のベルト」などがあります。
　「逆上がり補助板」では補助板を踏む回数を少しずつ減らしていくことを目標にしていきます。さらに補助板は色分けされていることが多く、少しずつ地面に近い色を蹴るようにしてステップを積み重ねていきます。

●子どもと先生のつまずき

　「後ろに勢いよく回ろう！手でしっかりマットを押すんだよ！」と後転のポイントを先生が説明しています。手で押すことに慣れさせるために、ゆりかごでしっかり手で押す練習もしました。

　しかし、「勢いよく」「手で押す」といったポイントを頭では理解していても、後ろに回転する「感じ」をつかむことができないと、頭が邪魔してしまって止まったり倒れたりしてしまいます。ポイントを先生がいくら言葉で伝えたところで、後ろに回転する「感じ」をつかむことは難しいです。

ここに焦点化！

補助する →

頭が引っかかることなく後ろに回る「感じ」がつかめるように、教師が子どもの腰を上に持ち上げます。子どもを迎える形で構えておきましょう。

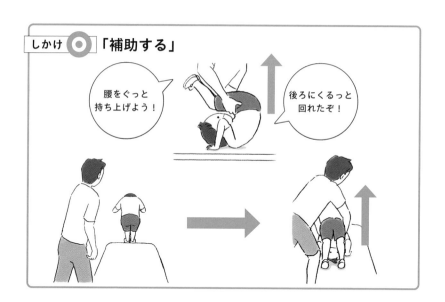

「やってみようかな」を引き出す

　「大丈夫、絶対に回れるから、やってみよう。」と、回転できずに困っている子に声をかけます。先生が支えてくれるという安心感は、子どもが動き出す意欲につながります。先生は子どもの方を向いて構え、回ってくる子を待ち受けます。回ってきた子供の腰を両手でキャッチし、上方に引き上げます。引っこ抜く感じで上に持ち上げてあげると、頭が抜けて楽に回転することができます。「あれ？回れた！」と子どもも笑顔になります。

「わかる」から「できる」へ

　何度か挑戦するうちに、補助している先生は補助が少しずつ楽になってきます。小さな力の補助でも回れるようになってきた子は、もう後ろへ回る「感じ」がわかってきています。後ろへ回る感じがつかめた子は、一人でも「できる感じ」がしてきます。「自分で回ってみたい！」と子どもから伝えてきたり、先生から「そろそろ自分でもできると思うぞ！」と背中を押してあげたりします。そこから改めて「手でマットを押すこと」「勢いをつけるためにお尻を遠くにつける」などのポイントを思い出すと、自力で回転することができるようになってきます。

しかけ9 「補助する」**4**

水泳運動「クロール」 中・高

しかけ ✕

がんばれ！！
気合だ！！
自分の力で
泳ぎ切れ！！

怖いよ。
やりたくないよ。

水中で浮くことに
精一杯で、学んだ
呼吸や手、足を
意識できないよ。

足を大きく
動かそう！！
呼吸は後ろを
見るように！！

●子どもと先生のつまずき

　「がんばれ！！」先生が一生懸命、子どもを応援しています。「足を大きく動かそう！」今日学んだ技能ポイントを伝えようとしています。しかし、子どもたちは「水中は怖いから嫌だよ」「水中で浮きながら、ポイントを意識するのは無理だよ」と思っています。

　クロールは、水中で浮きながら呼吸を行い、さらに手と足を動かすという、子どもたちにとって難しい運動です。特に苦手な子にとっては浮くことをしながら、ポイントを意識することができません。

ここに**焦点化！**

補助する

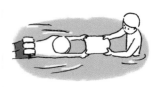

ヘルパーやビート板を活用し、ペアの子どもに補助をさせます。浮くことが容易にできるので、技能ポイントを意識しながら、泳ぐことができます。

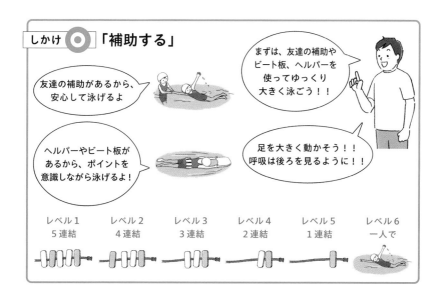

動きたくなる子どもたち

　まずは、友達の補助やビート板、ヘルパーを使いながらクロールができることを目指します。そうすることで、「いけそう」「浮ける」などの安心感を持ちながら授業に臨むことができます。また、行っていく中で長い距離を少しずつ泳げるようになり、自信をもってクロールの学習に参加することができるようになります。

「わかる」から「できる」へ

　一人でクロールができることが目標となってしまい、なかなかやる気がでない子どもたち。友達の補助やビート板、ヘルパーを使うことで、安心感をもって学ぶことができます。また、補助している友達は運動をしている子に口伴奏やアドバイスを伝えることができ、関わり合いも増えます。さらに、ヘルパーの補助は段階を分けることができます。上記の写真の通り、5連結・4連結……1連結と浮力を調節することができ、5連結ができたら4連結…と少しずつスモールステップで技能ポイントを意識しながら、学ぶことができます。段階を分けることで、子どもたちはレベルに合ったものを選び、目標に向かって主体的に学ぶことができます。

しかけ ✕

これまでも
やってるよ、
前、前

●子どもと先生のつまずき

　ボールを取った後や仲間がボールを取ったときに、どこに行けばいいか
わからず動くことができません。先生やチームの友達も「前に行こう」「そ
っちそっち！」と伝えますが、どこなのかよくわかりません。

　メインゲームの前に似たような動きをしたり、前時と同じゲームをした
りしていても、ネット型のゲームに慣れていないと、どこに動けばよいの
か理解することに時間がかかってしまうことがあります。また、まわりか
らの様々なアドバイスも明確な位置がわかりにくかったりします。

ここに焦点化！

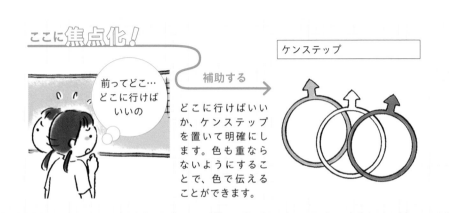

前ってどこ…
どこに行けば
いいの

補助する →

ケンステップ

どこに行けばいい
か、ケンステップ
を置いて明確にし
ます。色も重なら
ないようにするこ
とで、色で伝える
ことができます。

どこに行けばよいかを視覚化する

例えば、赤、青、黄の三つのゲームステップを各チームに配ります。そして、仲間にいてほしい場所にそれらをを置きます。そうすると、動きに悩んだとしてもゲーム中にチームの友達から、「〇〇さん、青に動いて!」「黄色でボールをもらって!」と声をかけることができます。アドバイスされた子も色で明確に言われているので、動くことができます。

友達の言葉で、動けた・できた

ゲーム中は、絶えず動きがあるので、「空いている場所」や「そこ」などの声かけでは、試合中の子どもたちにはわからないことがあります。ケンステップの補助は、視覚的なものだけでなく、子どもたち同士で共有される言葉での役割も兼ねています。そして子どもたち同士が関わり合い、つまずきを解決することは、学級経営の視点でも大切にしたいです。

さらに、ネット型の動きに慣れてきたら、ケンステップを外してスモールステップをつくっていくことも、補助をする視点として重要です。

しかけ 10 「合わせる」 ① 体つくり運動「くぐり抜け」 低

●子どもと先生のつまずき

くぐり抜けは回っている長縄の中に入る最初の学習です。そのため、回っている縄に恐怖心を抱く子がいることでしょう。さらに、いつ縄の中に入るのか、タイミングをつかめないつまずきが想定されます。先生が「今だよ」と背中を押してあげても、走り出せない子もいます。

そのような子に対して「がんばって！」と声をかけてしまうと、本人はがんばろうとしているのに動けない状態であるため、励ましているつもりがかえって精神的に追い詰めてしまうこともあります。

ここに焦点化！

縄に入るタイミング
「縄が目の前を通り過ぎたら入る」

合わせる

2人で手をつないでくぐる方法もありますが、動きが合わないと転倒することがあります。はじめは「3.2.1.ゴーで声を合わせる」行い方がよいでしょう。

くぐり抜けができるようになった子といっしょに縄をくぐる。

参加したくなる子どもたち

　一人では参加できない子でも「友達とならやってみようかな」と気持ち
を前向きに切り換えられる子もいます。

　はじめに回し手は縄を回さずに上下させるだけ（縄を頭の上に上げる・地
面に下げる・頭の上に上げる・地面に下げるを繰り返す）で行うと効果的です。

　縄が地面（下）につくタイミングでカウントを取ります。「3（下）2（下）1
（下）ゴー（縄が下に来たと同時に走り出す）」といったカウントの取り方です。
縄が下に来たタイミングで走り出すことで、縄の中に入る瞬間には縄は上に上が
っているため縄をくぐることができるようになります。

「やりたくない」から「これならやってみよう」へ

　友達と声を合わせながら活動する過程において、「縄の中に入るタイミ
ングをつかむ」という学習内容を子ども達は無意識の内に共有していきます。

　2人でできたら、1人で行ってみる、次は2人で手をつないでやってみる、
3人で手をつないでやってみる、など少しずつ行い方を変えていくと意欲
が喚起されるとともに、確実に学習内容の定着を図ることができます。

しかけ10 「合わせる」2
表現運動「ミラーゲーム」 低・中

しかけ ✕

どうやって？？？

敵が現れた！
逃げろー！

● 子どもと先生のつまずき

　先生のつまずきとして、表現の授業において「あいまいな指示」が挙げられます。また先生としては、具体的な指示（しかけ④たとえる P60-61 参照）を出しているつもりでも、その指示の状況を理解できず、体の動きとして表現できない子がいます。

　このような場合、体育館の中をただ走り回ったり、動くことができずに立ちすくんでしまったりというつまずきが見られるようになります。

ここに焦点化！

リズムのくずし
「岩に隠れながら、すばやく
お城に侵入しよう」

合わせる

ピタっと急に止まる
サッとすばやく移動する
友達の動きに合わせる

ペア（2人組）または
まねされるリーダー（1
人）を設定するなど、
動きを合わせる対象者
を1人と限定すること
で、誰の動きのまねを
するかを明確にします。

参加したくなる子どもたち

　言葉による仮の状況設定では、イメージがわかない子も「○○さんのまね」であれば、視覚的に動き方を捉え、表現することができます。まねをする対象をペア（2人組）の相手またはクラスの代表者1名と限定して指定することで「誰のまねをすればよいか」を明確にします。

　まねをすればよい、という課題設定であるため、比較的取り組みやすく、参加しやすい学級の雰囲気を作ることができます。

「やりたくない」から「これならやってみよう」へ

　言葉や絵カードだけでイメージがわかない子も、「○○さんのまね」という課題設定であれば、「これならやってみよう」と楽しむ姿が見られ始めます。さらに、まねをする中で動きを少しずつ習得するようになることも大きなメリットです。

　動きを習得した後に、「急に止まったり、急にすばやく動いたり、リズムを変化させる動きができるようになったね！」と先生が価値づけてあげることで「合わせる」動きが学習内容にせまっていたことに気づくことができます。

　このように「合わせる」しかけを通して「できる」「わかる」という学習活動へと導くことができ、効果的です。

器械運動「だるま回り（鉄棒）」 中・高

失敗例

先生、もう飽きて
きちゃったよ！！

そんなこと
言わないで、
もっと
頑張ろうよ！

●子どもと先生のつまずき

　子どもたちは意欲的にだるま回りに取り組み、ぐんぐん上達していきます。しかし、前回り・後ろ回りができるようになり、回数が増えてくると「先生、もうできちゃったよ！」「違う技をやってもいい？」と、飽きてしまう子も出てきます。それに対して先生が熱心に「もっと回数を増やしてみようよ！」「もっと上手に回れるようになってみよう！！」などと励ましても、ますます飽きてしまい、「つまらないな」と感じてしまう子が増えてしまいます。

ここに焦点化！

合わせる

できるようになった運動を「Aさんと動きを合わせて回ってごらん」と声をかけることで、難しい課題に進んで挑戦する姿が引き出されていきます。

考えたくなる子どもたち

　「Aさんと動きを合わせて回ってごらん」と投げかけます。すると動き
を合わせるためにはどうしたらよいか、子どもたちは自然とペアやグルー
プで考えたり、話し合ったりし始めます。

「できる」から「もっとやりたい」へ

　ペアやグループで動きを合わせるために、「せーの！」や「蹴る〜お尻
〜！」など合言葉をかけ合いながら、動きを合わせようとする子どもたち。
そのうちに「自分で合っているかわからないから、タブレットで見てみた
い！」などと主体的に活動し始めます。

　さらに、「合わせる」に取り組む中で、わざと動きをずらして行い、そ
ろえる部分とずらす部分を作るペアもでてきます。他にも、人数を増やし
て「合わせる」ことや、頭が反対の位置に来るタイミングを「合わせる」
ことなど、アイディアが広がり「もっと他のアイディアはないかな？」「も
っとやりたい！」と目を輝かせ、授業中だけでなく、休み時間や放課後な
ども取り組む姿が見られるようになります。

しかけ **10** 「合わせる」 **4**

器械運動「開脚後転（マット）」中・高

しかけ ❌

「開脚後転、
かんたん、
もうできちゃった」
「何回やるんだろ？」

「みんな、ポイントを
意識して！繰り返し
頑張ろう！」
うーん、できた子の
やる気がなくなって
いるな、どうしよう

●子どもと先生のつまずき

　「開脚後転、もうできるからつまらない…」できるようになった技を、ただ繰り返し行うことは、子どもたちにとってつまらない時間です。「上手になるためにポイントを意識して！」の先生の声かけも、子どもたちの前向きな姿につながらず、意欲が低下した授業の雰囲気に先生も困ってしまいます。開脚後転は、後ろに回るスピードを意識しながら、回転後半に足を開きます。子どもたちは、一連の動きの中で足の開くタイミング、足の開き具合や伸ばし方をコントロールすることが難しく、つまずいてしまいます。

ここに焦点化！

合わせる →

動きを「合わせる」ことで、開脚後転の回るスピードや、足を開くタイミングなどの自分の動き方に自然と意識がいき、運動の上達につながっていきます。

「合わせる」ことで学習内容を深める

　学習課題を「2人で動きを合わせよう」にします。開脚後転ができるようになるためだけでなく、動きのタイミングや足の伸ばし方をそろえようと投げかけることで、「やってみよう！」と子どもたちの前向きな心が引き出されます。「動きをそろえる」ために、開脚後転ができる子もできない子も、何度も運動に挑戦するようになります。そして、動きを合わせるために、自然とポイントや体の使い方に意識が向き、学習が深まっていきます。

関わりたくなる子どもたち

　「合わせる」しかけは、子どもたちの関わり合いを自然に生み出します。「いくよ、せーの」と声をかけ合ったり、撮影した動画を見ながら「足の開くタイミング、ずれているね」と気付きを伝え合ったりと、友達とのつながりが深まっていきます。時に、「Aさん、こうして」と、一方的に伝える子が出てきます。「Aさんが遅いのではなく、Bさんが早いのでは？どんな声をかけ合う？」と新しい視点を先生が提示してあげることで、子どもたちは協力の仕方や関わり方を学ぶことができるようになるでしょう。

体つくり運動「あやとび」 中・高

しかけ ✕

前とびはできるけど、あやとびやったことないんだよな。不安

あやとび完璧。何回もできるよ。早く難しい技に挑戦したいな

みんなの「できる」が違う。どんな授業にしようかな。「できる」を中心にした授業にすると、つまらない子が出てきそうだな

●子どもと先生のつまずき

　なわとびの授業を行うと、「私、もうあやとびできるよ！」とすでに学習内容を習得している子もいれば、「ぼく、まだ挑戦したことないんだ…」と未経験の子もおり、学級には様々な「できる」「できない」が混在していることがあります。「あやとびを中心に学習を行えばできている子はつまらないし、難しい技を取り上げれば未経験の子はついてこれないし…」と、子どもたちみんなが笑顔になる学習にするにはどうしたらよいのかと、先生は頭を抱えてしまいます。

ここに焦点化！

しかけ →

せーの

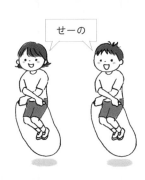

2人で着地のタイミングを合わせます。自分のもっている力で挑戦することが、動きの速さを調整して行う難しさが生まれ、楽しく挑戦できます。

組み合わせ無限大！「ぴったりなわとび」

　学習の目標を、「2人で息を合わせて跳ぼう」にします。着地のタイミングを合わせる学習をしかけることで、子どもたちの広がった技能差を包括した授業が可能になります。あやとびができる2人であれば、着地の他に腕の交差のタイミングや縄の速さを合わせることで、できるとび方でも楽しく挑戦でき、運動の感覚をより高めることができます。できる技が違う2人でも、自分のできる技でタイミングを合わせます。「前とび」と「あやとび」、「あやとび」と「後ろあやとび」など、技が違っても着地のタイミングを合わせます。挑戦したい技を繰り返すことで、縄に合わせて跳ぶ動きが高まっていきます。同時に、個に応じた技に挑戦する時間も並行して行うことで、楽しみながら「できる」が広がっていきます。

「せーの」がつなぐ関係性

　動きを合わせるために、「せーの」のかけ声が自然に生まれます。うまく友達に声をかけられない子も、「せーの」をきっかけに「関わり」が芽生えてきます。人数も2人から3人にすることで、さらにコミュニケーションが広がり、うまくいったときの達成感も大きいものになっていきます。

第 3 章

10のしかけを使った
UD化体育授業

1 UD体育と学級経営の共通点

　学級経営において、最も大切にするべきことは何でしょうか。それは、「子ども理解」だと思います。学級の中に、どのような個性をもった子がいるのかを理解し、子ども同士がどう学び合っていくのかを考え、教育活動を進めていくのが学級経営だからです。このことは、小学校学習指導要領解説総則編にも、次のように記されています。

学級経営を行う上で最も重要なことは学級の児童一人一人の実態を把握すること、すなわち細かな児童理解である。学級担任の教師の、日ごろのきめ細かい観察を基本に、面接など適切な方法を用いて、一人一人の児童を客観的かつ総合的に認識することが児童理解の第一歩である。日ごろから、児童の気持ちを理解しようとする学級担任の教師の姿勢は、児童との信頼関係を築く上で極めて重要であり、愛情をもって接していくことが大切である。

小学校学習指導要領解説総則編（平成29年7月）

図1　間主観的視点

　このことから、上條（2022）[1]は、学級経営を行う担任教師の専門性は、「客観的・総合的視点」と「主観的・個別的視点」の双方を持ち合わせた「間主観的視点」で子どもを見ることだとしています（図1　ここでは詳しい説明を省略します）。

　学級経営は、学級集団づくりと授業づくりを包含しています。ですから、授業づくりをする際にも、「子ども理解」は、不可欠なのです。

　例えば、国語科において、読み書き困難がある子に対して、漢字を覚える際に、何度も書かせるような指導は、理にかなっていないだけでなく、その子を心理的に追い込んでしまうでしょう。だからこそ、子どもを適切に理解し、適切な指導や支援をすることが求められるのです。

1　上條大志（2022）「つながりをつくる10のしかけ」東洋館出版社

このことは、どの教科でも言えることですが、多くの教科は認知的側面から子どもの学習状況を把握することが多いです。そのため、子どもの「わからない」「できない」を目で見て把握することが難しい場合があります。

　一方、体育科は、子どもの「わからない」「できない」を目で見て把握しやすい教科です。例えば、とび箱運動では、「とべない」という事実を確認することができますし、その原因を写真や動画で分析していくこともできます。それを子どもと共有することもできます。分析することができれば、対応策や支援策も検討することができるはずです。ただし、目で見えている困難さの要因、つまり「できない」理由は、目で見えない部分もあることも理解しておかねばなりません。

　体育科の授業づくりにおける子ども理解は、目で見えない部分があることも含めて、子どもの「わからない」「できない」と向き合い、「わかった」「できた」に結びつけていく重要なものなのです。

2 なぜ仕掛けるのか

　しかし、いくら子ども理解ができていても、教師に授業を構想する力がなければ、子どもの「わかった」「できた」は生まれません。そこで、授業を構想するためのアイデアとして、本書では、「UD体育10のしかけ」を提案しています。

　そもそも、なぜ「しかけ」が必要なのでしょうか。教師は、「わかった」「できた」が生まれる授業づくりをしようと、さまざまな工夫をしていきます。しかし、授業のすべてにおいて、子どもの主体的活動を引き出すことは、なかなか難しいのが現実でしょう。授業のねらいと、子どもの主体的活動との間に、どうしてもズレが生じてしまうのです。そのズレを調整し、結びつけるのが、「しかけ」なのだと考えます。

　つまり、「教師の目的（授業のねらい）」と「子どもの目的（子どもの主体的活動）」を「しかけ」によって結びつけるというわけです。

松村（2016）[2]は、仕掛けることについて、仕掛ける側の目的と仕掛けられる側の目的が異なるという"目的の二重性"が存在することを指摘しています。

　繰り返しになりますが、教師が子どもに身に付けさせることをねらう動きや感覚（教師の目的）は、必ずしも子

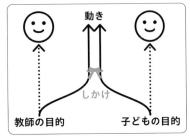

図2　教師と学習者の『目的をずらして』『動きをそろえる』

どもが意欲的に活動したいと思うもの（子どもの目的）ではない可能性があります。ですから、教師の目的と、子どもの目的を整理し、「教師と子どもの『目的をずらして』『動きをそろえる』（図2）」ことで、結果として、両者の目的が達成されていくのです。この結果をもたらしてくれるのが、「しかけ」なのです。

3 「UD体育10のしかけ」に期待するもの

　では、「UD体育10のしかけ」に期待するものとは、どのようなものなのでしょうか。

　「UD体育10のしかけ」についてまとめた表1をご覧ください。それぞれのしかけに関する解説の終わり部分は、「安心して行えるようにする」や「意欲的に行えるようにする」など、「心理的準備性」と言えるものが多いことに気づきます。つまり、UD体育において、最も意識していきたいものの1つが、安心や安全などの心理的安定だということがわかります。安心できる環境だからこそ、子どもの主体的活動を生み出せるというわけです。

　また、「要点に気が付けるようにする」や「手がかりになるようにする」など、「方略的準備性」と言えるものがあることがわかります。これは、

2　松村真宏（2016）「仕掛学　人を動かすアイデアのつくり方」東洋経済新報社

表1　UD体育10のしかけ

しかけ	
①取り除く	痛み・不安・恐怖心を教具で取り除くことで、ねらいとする運動を安心して行えるようにする。
②分ける・減らす	教材におけるルール・人数・動き等を分けたり、減らしたりすることで、ねらいとする運動を意欲的に行えるようにする。
③ゲーム化する	「運」「得点化」「競争」「達成」等の視点から教材をゲーム化することで、ねらいとする運動を意欲的に行えるようにする。
④たとえる	運動場面を仮定した状況や設定にたとえることで、ねらいとする運動や学習を意欲的に行えるようにする。
⑤比べる	導きたい学習の要点がある場合に用いる。選択肢を提示して比べさせることで、ねらいとする学習や運動の要点が気が付けるようにする。
⑥間違える	導きたい学習の要点がある場合に用いる。間違いを提示することで、ねらいとする学習や運動の要点に気が付けるようにする。
⑦選ぶ	課題の設定に導く場合に用いる。選択肢を提示して選択させることで、ねらいとする運動に主体的に取り組めるようにする。
⑧合言葉にする	運動の要点を短い言葉で合言葉にすることで、ねらいとする運動を行う際の手がかりになるようにする。
⑨補助する	「先生」「子ども」「教具」を用いて運動の補助を行うことで、ねらいとする運動を習得する際の手がかりになるようにする。
⑩合わせる	動きを合わせる活動を行っていくことで、ねらいとする運動を意欲的に行えるようにする。

UD体育学習会資料より引用下線は上條加筆

運動自体に直接的にアプローチするというよりも、運動にアクセスするための思考を整理したり、コツを発見したりすることだと解釈できます。こうしたアプローチは、受動的に教えられる場合よりも、ねらいとする動きの獲得だけでなく、新たな動きを獲得する際にも活用できる力として転化していくことにもなるでしょう。

　では、第3章で紹介されている実践にふれながら、もう少し具体的に見ていきましょう。

　実践①は、ゲーム「鬼遊び」を事例に挙げています。「分ける・減らす」というしかけを通じて、鬼にタッチされる不安を解消しようとしています。

これは、不安を取り除いて、安心して鬼あそびに取り組めるようする、まさに心理的準備性を意識した事例だと言えます。

実際、「鬼がいないなら、ぼくも得点できる」と前向きな発言が出ています。「ちょっと頑張ればできそう」と子どもが感じるようにするしかけは、とても有効な手立てとなります。あまりに難易度が高すぎると、すぐに諦めたくなる子が出てきます。逆に、簡単すぎると、飽きてしまう子が出てきます。両者の"ちょうどいい"を採用していく"さじ加減"が、しかけの効果を最大化するのだと考えます。

また、「分ける・減らす」というしかけは、動きの一部に制限をかけることにより、子どもに向き合わせたい動きに焦点を当てやすくなります。教師がねらいを焦点化すると、子どもの学習内容の確実な定着にもつながりやすくなります。

実践②は、ベースボール型「ティーボール」に関する事例です。ここでは、「比べる」というしかけを使った事例が挙げられています。打ち方を比べさせながら、正しい打ち方に気づかせています。

例えば、「自転車に乗る」ということを考えてください。初めて自転車に乗る練習をする際には、乗り方の手順やペダルのこぎ方などを1つ1つ意識的に練習します。練習を積み重ねることで、自転車に乗れるようになると同時に、初めに意識していた乗り方の手順やペダルのこぎ方などは、意識せずに乗ることができます。これが「自動化」のプロセスです。

何かができるようになるには、まず「意識的に練習する」ことで、その動きが、徐々に自動化され、無意識的にその運動ができるようになっていくのです。その意識するポイントを「比べる」というしかけが教えてくれるのです。

「比べる」というしかけは、「同じ」をそろえることによって、「違い」を明確にして

図3　比べる

いくものです（図3）。その違いの中にこそ、子どもに気づかせたいポイントが隠れているのです。ポイントを掴んだ子どもたちは、それを意識して主体的に練習することができるようになります。

　実践③は、ネット型「2人バレー」に関する事例です。ここでは、「ゲーム化する」というしかけを使った事例が挙げられています。動きの習得には、何度も練習が必要な場面があります。繰り返し運動することによって、その動きは自動化されていくからです。

　しかし、子どもにとっては、「何度も同じことをやらされている」という感覚に陥り、嫌になってしまうことがあります。そうです。「やらされている」から、嫌になるのです。そこにゲーム的な要素を取り入れた場合、ゲームに参加する主体は、子ども自身になります。ゲームの中では、（その子が）得点したり、（その子が）友達と競い合い勝負を楽しんだりします。子どもの意識が、運動自体ではなく、運動以外の要素に向けられるようになるのです。まさに、「しかけ」の機能そのものなのです。

　「ゲーム化する」というしかけは、繰り返し練習が必要な動きに対して、得点化したり、勝敗をつけたりしながら、その練習自体に意識が向かないように、意識をずらすという意味があるのです。

　実践④は、ゴール型「ハンドボール」に関する事例です。ここでは、「合言葉にする」というしかけを使った事例が挙げられています。ゴール型では、基本的に同じチームの仲間が、同じ方向に攻めていきます。目まぐるしく攻守の交代が行われていきます。サッカーやバスケットボールなどの経験が少ない子にとっては、その状況を把握するだけで精一杯になってしまいます。そのような状況で、空いているスペースを見つけたり、戦略的に動いたりすることは、とても難しいことでしょう。

　「合言葉にする」というしかけは、目まぐるしく変化するゲームの中で、自分がどのような動きをしたら良いのかとらえるのに効果的です。なぜなら、ゲーム中の「目まぐるしい変化」は、視覚情報過多になっている状態だからです。そこに「右・左・近く」という動きを表す言葉が端的にイン

プットされることで、自分がすべき動きに意識を向けることができるのです。そして、それがクラスの共通言語になることで、アドバイスをし合う関係づくりに大きく貢献することになるのです。

4 UD体育の可能性

「UD体育10のしかけ」の可能性について、お分かりいただけましたか。

「子ども理解」、「学習に対する準備性」、「しかけの効果」という言葉は、すべて学級経営にも通じるものだと考えます。はじめにご説明したように、小学校学習指導要領解説総則編には、学級経営に関する記述の中に、「子ども理解」の重要性が示されていました。「学習に対する準備性」は、児童の実態把握やアセスメントなどと関連するものです。「しかけ」については、拙著「つながりをつくる10のしかけ」の中でも意図的・戦略的にしかけていくことの重要性をご説明しています。

つまり、分野は違えども、「UD体育10のしかけ」の考え方の根底にある理論は、学級経営の考え方と共通する部分が多いと言えるのです。

体育科を担当する教師は、学級が崩れにくかったり、児童生徒指導の担当になったりすることが多いのではないでしょうか。この背景には、子どもの「できない」「わからない」と、しっかりと向き合い、意図的・戦略的にその改善を図ろうという姿勢が影響しているのだと思います。

これこそが、UD体育の可能性を証明しているのではないでしょうか。「UD体育10のしかけ」の視点を学級経営に活かしてみてください。学級経営における大きな効果が期待できるはずです。

第**4**章

10のしかけを使った
UD化体育授業

実践編

鬼遊び

| ゲーム領域・鬼遊び（低学年） |

単元目標 ボールをもって、相手のいない所（右、左、まっすぐなど）に走りこむことができる。

できる ①ボールをもって、相手のいない所（右・左・まっすぐなど）に走りこむことができる。
②少人数で連係して相手をかわし、ボールを運ぶことができる。

わかる ①相手を見て「相手のいない所（右・左・まっすぐなど）」がわかる。

かかわる ①相手のいない所について、動作や言葉で友達に伝えることができる。

	1	2	3	4	5	6	7	8
0〜20	鉄棒遊び・短縄跳び・長縄跳び、などの他領域の運動							
20〜45	**4対0** 分ける 減らす できる① ゴールまで、まっすぐボールを運ぶ わかる① 相手がいない時は、ゴールまでまっすぐボールを運べる			**4対1** できる①② 相手を見て、右・左・まっすぐを選択して相手をかわす わかる① 4対0との違いを見つけ、相手のいない所について考える		**4対2** できる② 友達と連係して、相手をかわす わかる① かかわる① 「右、空いてるよ」などの言葉や動作で友達にアドバイスする		

教材の意図

　「４対０」＝相手（鬼）がいない鬼遊び、という教材を単元はじめに行う意図は「制限時間内にボールを目的地まで運べる回数を競い合う」という、ボール運動「ゴール型」の本質を学習させるためです。

　「４対０」（または３対０）＝相手（鬼）がいない鬼遊びから始めることで、すべての子どもが得点（ゴールにボールを運ぶ動き）を経験することができます。この時に「ゴールまで最短距離（まっすぐ）で走っていること」をきちんと確認しておきます。

　そして「４対０」から「４対１」となり、ゴールまでまっすぐ走れない状況を設定することで「相手（鬼）をかわす学習」の必要性が生まれ、「右か左に相手をかわす」というゴール型の中心的な学習にせまることができます。「４対１」で得点が多く入りすぎる場合は、鬼を増やして「４対２」にします（10のしかけ「分ける・減らす」に「増やす」視点を加える）。このように全員参加を保障し、子どもたちの様子を見て、少しずつステップを上げながら学習内容に迫っていきます。

子どもと先生のつまずき

子ども：どのように動いてよいかわからず、コート内で立ちすくんでしまう。

先　生：「空いているスペースに走ること」は、低学年には難しいよ。

　これらのつまずきを解消するべく、本教材による授業展開を行うことで「まっすぐ」「右か左」などの『合い言葉にする』（10のしかけ）が活用され、参加→わかる→できるへとステップアップすることができます。

4 対 0

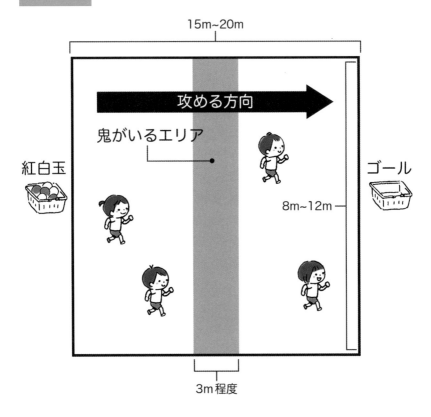

4 対 0 のルール

- かごに入っている宝（紅白玉）をゴールとなるかごに入れる
- かごに宝を入れる時は投げてはならない。
- 宝は 1 人 1 個のみとする。
- 前後半 1 分～ 2 分とし、前後半で対戦チームと攻守を入れ替える。
- 「4 対 0」では鬼がいるエリアには鬼はいない。

しかけ ▌ 分ける・減らす

　鬼の人数を０人とすることで、運動が苦手な子も得点を経験することができます。また、この後の「鬼が一人で現れたらボールの運び方を工夫する必要がある」という学習へと接続しやすくなります。

しかけ 2 合言葉にする

　すべての子が得点を経験することができる一方で、その宝を運んだ動線については意識が向いていない子が多いと想定されます。

　そこで「宝はゴールのかごまでどのような道を進んだの？」と発問します。子どもたちは「宝はゴールまでまっすぐ進んだ！」と答えます。そこで、ゴールまでの道は「まっすぐ」と合い言葉として共有化し、宝の運び方について理解させます。

4対1

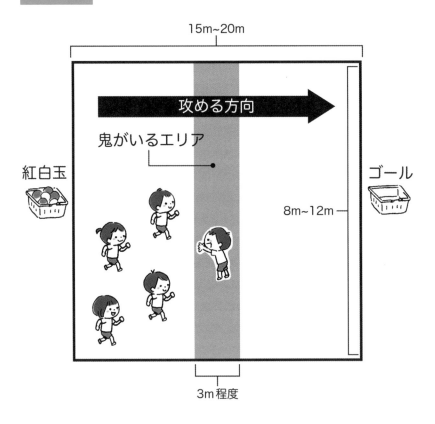

15m~20m

攻める方向

鬼がいるエリア

紅白玉

ゴール

8m~12m

3m程度

4対1のルール

- 得点の仕方、制限時間、前後半の攻守交代制などは4対0と同様
- 鬼は鬼がいるエリア内（縦8m×横3m程度）しか移動できない。
- 鬼にタッチされたら、攻撃側はスタートのかごまで戻る。
- 攻撃側がコートの外に出てしまった場合もスタートに戻る。

しかけ ┃ 比べる

４対０と４対１
宝を運ぶ道は
何か変わった??

鬼が目の前に
いたら右とか左に
動いたよ！

　「４対０」と「４対１」で宝が進んだ道を比べます。鬼が目の前にいる場合は４対０の時のようにまっすぐ進めないことから相手をかわす動きが必要であることに気付かせます。

しかけ2 合言葉にする

「まっすぐ」は
いけない時が
あったなあ…

鬼がいる位置を
見て「まっすぐ」
か「右か左」だ！

　鬼が一人いるときの宝の運び方について「右か左」「ジグザグ」など子どもの言葉で、合言葉にしていきます。合言葉は、アドバイスにも活用するよう声をかけると子どもたちの理解が深まります。

実践②
ティーボール

| ボール運動領域・ベースボール型（中学年） |

単元目標 空いている空間（右、左など）に打つことができる。

わかる 空いている空間（右、左など）がわかる。

できる 空いている空間（右、左）に打つことができる。

かかわる 空いている空間について、動作や言葉で友達に伝えることができる。

	1	2	3	4	5	6	7	8
0	**かっとばし**			**ティーボール**				

0 **かっとばし**

①バットでボールを前に打つことができる。
②右や左に打つと点が取りやすいことを知る。

10

20 守備者がいない形から始め、守備者を入れる形に変えた際に、課題を設定する。

30

40 **課題設定・解決**

「どこに打つとたくさん得点できるかな？」

45

ティーボール

①空いている空間にバットを使って、打つことができる。
②空いている空間について友達に伝えることができる。

実態に応じて、守備チームがゲームを止めた際に、走者が塁間にいたら減点とするルールを入れることで、走塁判断を学習内容に足すことができる

③守備者の状況を考えて、どこまで得点できるか判断することができる。
などを加える・

教材の意図

　まずは、コートにボールを入れるための基礎技能が大切です。基礎となる打つ技能を身につけ、「どこに打つか」を考えられる「かっとばし」から学びをスタートさせます。

　はじめは、守備者は入れずに大きい点数を目指すゲームを行い、用具を操作してボールを打つことに慣れます。子どもたちが慣れてきたら守備者を入れて「どこに打つか」を学習していきます。

　守備者を入れることで、「方向を考えないで打つと、守備者に止められて点が少なくなった」という子どもの困り感が出てきます。そこから学習課題を設定すると、「どこに打つか」という学習内容に焦点化することができます。

　メインゲームでは、これまでの学習を生かし、左右の空間が空くような場や人数の設定が大切です。そうすることで、子どもたちの右や左を意識した声掛けやバッティングが生まれやすくなります。

子どもと教師のつまずき

子ども：打った後に走ることが難しい。バットを投げてしまう。どこまで
　　　　走れば良いのかわからない。

教　師：言葉で伝えたり、ルールで意識させたりしようとするが
　　　　伝わらない。

　「しかけ」を使った学習を設定し、「これならできそう」という意欲を持たせ、学習内容に向かうことができるようにします。

かっとばし

守備者

⑧

⑦

⑥

⑤

④

③

②

)1m

※初めは、守備者を入れずに行い、慣れてきたら守備者を入れる。

かっとばしのルール

守備者なしのルール

● 左右をできるだけ広く取れるコートにする。
● 攻撃は、チーム全員が打ったら交替する。ボールが止まった場所を得点とする。たくさん得点をとった方のチームの勝ち。

守備者を入れたときに追加するルール

● 守備は、４人。攻撃は、チーム全員が打ったら攻守交替する。
● 打つ時に打者が「いくよー。」守備側が「いいよー！」と合図をする。
● 守備者がボールに触れた場所を得点とする。

どちらの打ち方が
強く打てると
思う？

○打ち方を比べる

　どちらの打ち方がよいか、発問することで、子どもたちは、課題意識を
もって学習に関わることができます。どちらの打ち方も経験ができるよう
に声をかけ、時間を確保しましょう。

今回は4点だったから、
次は6点を目指したいな！
そのためには…

しかけ **2** ゲーム化する

　「かっとばし」では、どこまで遠くに打てたかを得点で明示しています。
ゲーム化をすることで、子どもたちが次の目標を決めやすくなります。ま
た、空いている場所を見つけたときに点が増えることで成果もわかりやす
くなります。

ティーボール

- 攻撃は全員が打者と走者を行ったら、交代する。
- 守備は 4 人ずつで毎回入れ替える。
- 打つ時に打者が「いくよー。」守備側が「いいよー！」と合図をする。
- ボールを持ったプレイヤーと他の守備チームの全員が円の中に入って、「ストップ！」ということで攻撃を止めることができる。
- 走者は、打者がボールを打ち出したのを合図にコーンの間を走る。プレイを止められるまで、1 点、2 点…と上限無く得点をすることができる。

塁間にいたら減点するルールを入れる場合

- 守備チームの「ストップ！」の合図の時に走者が塁間にいた場合は 2 点とする。

しかけ **1** 分ける・減らす

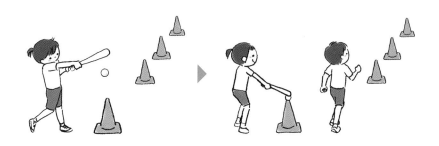

　ベースボール型では、打った後に素早く走り出せなかったり、バットを投げてしまったりすることがあります。打つ役割と走る役割を「分ける」ことで、打つときには「どこに打てばよいか」を、走るときには「どこまで走ればいいのか」を、分けて考えて動くことができるのだと、戸惑うことが少なくなります。

しかけ **2** 合言葉にする

合わせて、
後ろ〜、
前！

　　先生が直接体の動きを補助することも効果的ですが、子どもの特性や発達段階によって体に触れる補助が難しい場合もあるため、合言葉を用いた聴覚からのアプローチによる支援も有用です。具体的な動きや方向を子どもたちとやりとりをしながら、合言葉にすることで、打つ動作を身に付けやすくします。

2人バレー

| ボール運動領域・ネット型（高学年）

単元目標 相手のいない空間をねらってボールを弾いたり、体を移動させてボールをキャッチしたりしながら、2人バレーのゲームを行うことができる。

できる 肩より上でボールを弾くことができる。
移動して、ボールをキャッチすることができる。

わかる 相手コートの「どこにボールを落とすのか」がわかる。

かかわる 自分が得点した喜びを、友だちと分かち合う。

	1	2	3	4	5	6	7	8
0	**アタック &キャッチゲーム**			**2人バレー**				

0

アタック &キャッチゲーム

わかる
①ルールを確認する
②よい弾き方を見つける。

できる
①肩より上でボールを弾くことができる。
②ボールの正面に移動してキャッチする。

2人バレー

わかる
①ルールを確認する。
②相手コートのねらう場所を見つける。
③立つ場所を考えて守る。

できる
①相手のいない空間にボールを弾くことができる

かかわる
①友達と協力したり喜び合ったりしながら、たくさんし合いを行う。

45

教材の意図

　「2人バレー」では、ネット型に共通する「自分のコートをどう守るか」「相手コートのどこにボールを落とすか」を学習します。

　単元前半では、試合に参加するための「相手コートからのボールをキャッチする技能」「相手コートにボールを弾く技能」の習得を目指します。具体的には、「ボールが胸に当たる場所に移動する」「手のひらをパーにして、おでこの前で当てる」動きを共有していきます。技能の習得を保障することで、子どもたちは自信を持って試合に挑戦することができます。

　単元後半では、2人で守り、そして攻撃するバレーを行います。試合を通して、「2人がどこに立ったら、ボールをキャッチできる確率が上がるのか」「2人でどう連携したら、相手コートに返せるのか」「点を取るためには、どこをねらったらいいのか」について学んでいきます。少ない人数で試合を行うことで、「立つ位置」や「キャッチの後に渡す友達」が明確になり、前向きに参加することができるようになります。攻撃では、相手のいないところをねらうと得点につながることを共有し、さらに、コートの「前・うしろ」「右・左」と合い言葉にすることで、理解を深めていきます。

子どもと教師のつまずき

子ども：相手コートにうまくボールを弾くことができない。

　　　　「次、どうしたらいい？」と、状況からの判断が難しい。

教　師：反復練習がつまらなそうな子どもたちに、どうしてあげたらいいかわからない。

　　　　「よく見てアタックして」と抽象的な声かけになってしまい、具体的な視点を提示することができない。

　ボール操作のポイントや、複雑な状況判断場面に「しかけ」を用いることで、中心となる学習内容に焦点化し、子どもたちの「動き出したくなる」姿を引き出していきます。

アタック&キャッチゲーム

【ルール】

- コートを挟み、「キャッチ→キャッチ→アタック」を連続して行う。
- 相手コートからのアタックは、交代でキャッチする。
- アタックのみボールを弾く。他は手で投げる。
- アタックをキャッチできた回数を点数とし、連続でキャッチした最高回数をチームの記録とする。ボールを床に落としたら回数は0に戻る。
- 各チームの最高点数を合計し、クラスの合計点数の更新を目指す。

何度も打つの
飽きちゃったな

ボールをキャッチして
もらうために、友達をねらおう

　「ボールを弾く技能」の習得を目指し、繰り返しアタック練習を行う子どもたち。しかし、何度も反復して行う運動に意欲が低下してしまいます。

　そこで「ゲーム化する」のしかけを用います。アタックしたボールをキャッチする一連の動きを得点化することで、子どもたちのモチベーションが上がります。

しかけ2 比べる

「どこで打つといい？」
「ん？どういうこと？」

「頭の上、おでこの前、
口の前、どこで
打つといい？」

「どれか試して
みようかな」

　ボールを相手コートに届かせるためには、弾く場所が重要です。子どもたちに発見してほしいという願いから、「どこで打つといい」と問うことは悪いことではありません。しかし、運動経験の差により、見当がつかず、学習に参加できない子が出てきてしまいます。そこで、「比べる」のしかけを用い、考える視点を焦点化することで、学習に参加できるようになります。

2人バレー

【ルール】

- 3回以内で返球することとし、「キャッチ→アタック」も可能とする。
- 相手コートからのアタックは、誰でもキャッチできる。
- アタックのみボールを弾く。他は手で投げる。
- 自分のコートの床にボールを落としたり、相手のコートの外にアタックしたりした場合は、相手の得点になる。
- 一定時間内に多く得点を取ったチームの勝ちとなる。

次は誰に渡すの？

次はＡさんだね！
交代でアタックだ

　多人数で行うバレーでは、「誰に渡すのか・誰からもらうのか」の判断が難しく、ボールをほとんど触らず試合を終えてしまう子が見られます。そこで、チームの人数を２人に分けて、減らしました。そうすることで、必ず連携に参加することができ、ネット型に共通する「相手コートのどこに落とすか」の学習内容に迫ることができます。

しかけ**2** 合言葉にする

どこねらう？
思いっきり打とう

相手のいない、
「右」をねらおうかな。

　アタックゲームを経験した子どもたちは、対戦型の試合でも相手の正面にアタックを打ってしまいがちです。得点するために、敵のいないところをねらうわけですが、緊張する試合の状況では、どこをねらったらよいかわからず、力任せにアタックしてしまいます。敵のいない場所を、「右・左」「前・うしろ」と合言葉にして確認することで、アタック直前に敵のいない場所を、自信をもって見つけることができるようになります。

実践④

ハンドボール

| 球技領域・ゴール型・ハンドボール（中学校） |

単元目標 ボールを持っていないときに、空いている空間（右、左、近くなど）に走りこむことができる。

できる ボールを持っていないときに、空いている空間（右、左、近くなど）に走りこむことができる。
左右から、シュートすることができる。

わかる 状況を見て「空いている空間（右、左、近くなど）」がわかる。

かかわる 空いている空間について、動作や言葉で友達に伝えることができる。

	1	2	3	4	5	6	7

0

ドラキュラ
①相手に捕まらないように逆まで逃げる。
②サイド、相手がいない場所に走るとよいことを知る。

10

キャッチボール・パスランリレー
①走っている相手の前に投げることを確認する。

20

4-2
①誰が空いているかを考える
②攻め方を学ぶ。

試合＆課題解決の練習
試合は5対5うち1名GK

W杯

30

4-3
①相手が2人の時との違いついて考える。

40

課題設定・解決
「どこに走るとたくさん得点できるか？」

試合＆課題解決の練習
試合は5対5うち1名GK

50

教材の意図

「ハンドボール」では、ゴール型に共通する「スペースに走り込む」を
メインに学習します。アウトナンバーゲーム（守備者が少ないゲーム）で
スタートすると、必ずフリーの味方ができるため、「どのように攻めれば
よいか」を学びやすくなります。

「４対２」→「４対３」にすると「相手が２人のときはたくさん得点で
きたのに、相手が３人になったら得点が少なくなった」「フリーがいない
からボールをもらえない」という、子どもの困り感がでてきます。そこか
ら学習課題を設定すると、ボールを持っていないときの動きに焦点化する
ことができます。

メインゲームでは、ゴールを広くしたり、角度を工夫したりして「左右
のゴール方向に走りこむと、得点しやすい」という状況を作ることが重要
です。そうすることで、子どもたちは自然と相手がいない左右の空いてい
る空間めがけて走りこむようになります。また、左右のゴールの高さを低
くすると、右からのシュートが打てなくても、逆サイドにパスをすること
ができ、スペースに走り込むことをより意識づけることができます。

子どもと教師のつまずき

子ども：「なぜ得点が減った？」と疑問を持っている。

教　師：「ゴールに走って！」という声かけしかできない。

これらのつまずきを解消するべく「しかけ」をすることが重要です。し
かけをすることで、中学生の子どもたちは自分たちから課題意識を持って
授業に取り組むことができます。

4対2〜4対3

17m~20m

20m

4対2〜4対3のルール

- ハーフコートで行う。
- 攻撃4人守備2人のゲームを行う。
- 試合時間は2分〜3分。終わったら相手チームと攻守を交代する。
- ボールを持ったら歩くことができない。ドリブルは禁止。
- 時間内でたくさん得点をとったチームの勝ち。
- 全員が線に戻ったらスタートできる。
- ゴールキーパーはつける。(守備2人・3人＋ゴールキーパー)
- ゴールは3面とする。

しかけ **1** 分ける・減らす

ドリブルが
あると難しい

困った顔

これなら
できそう

　ルールを分けて、減らします。ドリブルを取り除きすると、走る・パスのみでゲームが展開されます。すると、ボールを持たない動きの時間が長くなるため、ボールを持たないときの動きに焦点化され、学習を深めていくことができます。

しかけ **2** 分ける・減らす

パスが
出せない

パスを
もらって得点
できたぞー

　試合に参加する人数を分けて減らします。
　攻撃側が有利な人数（４対２）にすると、必ずフリーが生まれるため、苦手な子も得点しやすくなります。さらに、パスをもらった時にも、必ずパスコースがあるので、安心して取り組むことができます。人数の差を生かし、困り感が出てくると、自分たちで学習課題を設定することもできます。

４対４

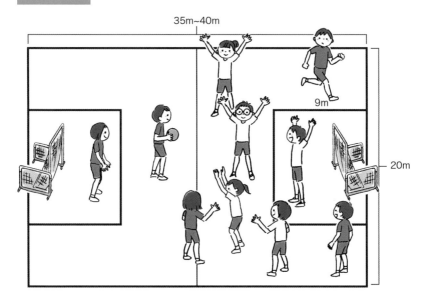

35m〜40m

9m

20m

４対４のルール

- 攻撃・守備４人ずつ（＋ゴールキーパー）で試合を行う。
- 試合時間は前後半３分ずつ。
- ボールを持ったら歩くことができない。ドリブルは禁止。
- 時間内でたくさん得点をとった方のチームの勝ち。
- ゴールキーパー以外はゴールエリアの□には入ることができない。
- ロングシュートを避けるため、真ん中の線を越えないとシュートはできない。
- 苦手な子もパスができるように、ボール保持者から腕１本分離れる。

しかけ **1** 分ける・減らす→増やす

真ん中は
混雑して
いるぞ

横は人が
少ないよ！

通常のゴール型のゲームでは、1面しかゴールを置きませんが、ここではゴールを分けて3面にし、立体的に設置します（4対2や4対3のゲームから行うと効果的です）。正面からだけでなく、左右からなど、様々な角度からシュートを打つことができるようになります。さらに、試合を行っていくとサイドのゴールの方が得点しやすいことに気づきます。サイドの方が得点しやすいことがわかると、混んでいる真ん中を避け、サイドの開いている空間に走りこめるようになります。

しかけ **2** 合言葉にする

近くにも
1人いてほしい

「右・左・近く」
がいいね

「どこに走るとたくさん得点できるか？」という学習課題の考えたことを共有します。「右と左」「困ったときは近くに味方がいるとよい」などの出た意見を合言葉にします。合言葉にすると、クラスの共有の財産となり、応援している子が声をかけると得点しやすい位置に動くことができます。

結城：「UD体育　10のしかけ」を本として世に出すことができることを、とても嬉しく思います。ここでは、UD体育の足跡とこれからの展望について、座談形式で行い、あとがきとしたいと思います。

「UD体育 10のしかけ」を
振り返る

UD体育代表　**結城光紀**

UD体育副代表　**石坂晋之介**

UD体育副代表　**山下大晃**

山下：「10のしかけ」のスタートはいつ頃だっけ？

石坂：2015年の夏に体育授業研究会で、結城さんが「体育授業のUD化」について、個人発表したときじゃないかな。そのときは「参加・わかる・できる」それぞれのつまずきを「焦点化・多感覚化・共有化」の視点からマトリックス化したもの（P16、体育授業UD化モデル）を発表したよね。当時、「体育授業をUD化する」という提案はとても新しさがあった一方で、山下さんから「あのマトリックスだけでは、授業実践までいかないよね」って指摘があって。あの指摘が「10のしかけ」のスタート地点だったと思う。

山下：あったね。そこから「何か具体的なものがあった方がいいよね」っていう課題意識を各々が持ち始めた感じだね。

結城：「あれじゃあ、結局何したらいいか、わかんないよね」ってよく言

われてたから（笑）

山下：その頃に『教材に「しかけ」をつくる国語授業の方法』（2013．授業のユニバーサルデザイン研究会沖縄支部）があって。体育にもあああいったものがあればいいよね、っていう話はしていた。

結城：そんな思いをそれぞれが抱えながら、3年くらい実践を重ねていく期間があって。2018年にUD体育を発足させて、みんなで前に進み始めたよね。

山下：その頃は、顔を合わせては、「どんな学習会にしていきたいか」をずっと話し合ってたね、居酒屋で（笑）
体育の教材や場づくりも大事だけど、それを持って帰るだけになってしまわない学習会をしたい、という内容の話が多かったかな。

結城：「どう教材を持ち帰ってもらうか」「どうしたら授業づくりの視点を共有できるのか」と、かなり悩んだね。しかけという言葉に当時は、なり切れていなかったけど、「先生たちに汎用性のある視点を持って帰ってほしい」という話は、よくしていたね。

結城：いよいよ、具体的に形としてまとめようと一念発起したのは、2018年の秋。三人で箱根に集まって、クリームコロッケを食べながら考えたあの日だね（笑）

石坂：そこで、「10のしかけ」の素案ができあがって。その後、事務局のみんなで共有して。少しずつ、みんながしかけを意識して実践をするようになったり、実践を持ち寄って話合いを重ねたりするようになっていったよね。

山下：その実践を話し合う中で、しかけの言葉の精査をしていったんだった。例えば、「間違える」と「比べる」って似てるけど何が違うのか、とか。

石坂：あと「スモールステップ」も悩んだ。授業を「スモールステップ」っていうけど、結局何をすればいいの？って。その話から、「分ける・減らす」にたどり着いたんだったよね。

結城：その過程は時間がかかったけれど、事務局みんなで練り上げた分、しっくりくる整理ができて、みんなが「自分のものになった」って思えた気がする。それは大きかったかな。

山下：UDの理論を大切にした上で、より実践できるものを持ち帰ってもらおうという意識が強いのが、この「10のしかけ」だよね。

石坂：最終的に、「10のしかけ」がまとまったのは、2019年の1月。コロナになってしまって、学習会がオンラインになったけれど、「10のしかけ」の実践にこだわってここまでやってきたよね。

山下：学習会も、この本も、共通しているコンセプトとして『教材集』ではないということ。教材集だとその型になってしまう、またはアレンジが効かない部分があるから。

結城：それは学習会を始めた頃から議論してきた。だから教材を複数並べて、共通する考え方を「しかけ」として伝わるように設えてきたかな。

山下：授業づくりの基になっている考え方や手立てを「しかけ」として伝えたい気持ちが大きかった。「しかけ」が活用できれば、毎年出会う子どもたちの姿にあわせて、先生なりのアレンジやアプローチを考えられると思って。この本には、そんな自分たちの考えが込められているよね。

石坂：目の前の子どもたちのつまずきに応じて「しかけ」を活用していく、UDの基本的な考え方。

結城：そんな思いが込められたこの本だけど、今後どのようになっていってほしいと思う？

山下：この本を手に取ってくれた人から、「しかけ」を実際に使ってみてここがよかった、という話は聞きたいよね。同時に、「ここはうまくいかなかった」という話も知りたい。そのために、対面なりオンラインなりでつながっていきたいという思いはあるかな。

石坂：コロナの影響もあって、先生方にとって"体育は行いにくい教科"というイメージがあるように感じる。でも、子どもたちは体育の授業

を楽しみにしているのは明らか。だから目の前の子どもたちと楽しい授業を展開するために、この本が手助けになったらいいなと思う。

結城：この本に込める願いとしては、やはりUD体育でも繰り返し言ってきた「全員笑顔」の言葉に尽きるかな。子どもも先生も「全員笑顔」の体育授業を実現するために、この本が役に立てばいいなと思う。

（座談会終了）

結城：最後に、この本を書く機会を与えてくださった東洋館出版の畑中さんに感謝申し上げます。この本が一人でも多くの子ども、先生の笑顔につながってくれたら、大変嬉しく思います。

参考文献

- 実利用者研究機構（2022）、UD資料館. https://www. ud-web. info/born（2022. 8. 20閲覧）

- ユニバーサルデザイン2020関係閣僚会議（2017）、ユニバーサルデザイン2020行動計画。 https://www. kantei. go. jp/jp/singi/tokyo2020_suishin_honbu/ud2020kkkaigi/ pdf/2020_keikaku. pdf（2022. 8. 25閲覧）

- 一般社団法人日本授業UD学会（編）、小貫悟・川上康則（著）、赤坂真二（編著） （2020）、テキストブック授業のユニバーサルデザイン特別支援教育・学級経営。

- 文部科学省（2012）、中央教育審議会初等中等教育分科会。 https://www. mext. go. jp/b_menu/shingi/chukyo/chukyo3/siryo/attach/1325884. htm（2022. 8. 25閲覧）

- 桂聖（2020）、一般社団法人日本授業UD学会ホームページ理事長挨拶。 http://www. udjapan. org/massage. html（2022. 7. 30閲覧）

- 清水由（2019）、体育授業のユニバーサルデザイン。

- 一般社団法人日本授業UD学会（編）、清水由（編著）、石坂晋之介・山下大晃・結城光紀（著）（2020）、『テキストブック　授業のユニバーサルデザイン体育』、東洋館出版社。

- 清水由、『体育授業のユニバーサルデザイン』、東洋館出版社。

- 清水由（編著）、『「口伴奏」で運動のイメージ・リズムをつかむ体育授業』、明治図書。

- 阿部利彦（監修）、清水由・川上康則・小島哲夫（編著）、『気になる子の体育　つまずき解決BOOK』、学研。

- 阿部利彦（編著）、清水由・川上康則、『体育ではじめる学級づくり』、学研。

- 木下光正、『とってもビジュアル！筑波の体育授業　低学年編』、明治図書。

- 清水由、『とってもビジュアル！筑波の体育授業　中学年編』、明治図書。

- 平川譲、『とってもビジュアル！筑波の体育授業　高学年編』、明治図書。

- 清水由、『運動でわかる　運動と指導のポイント　ボール』、大修館書店。

- 髙橋健夫（編著）、三木四郎・長野淳次郎・三上馨、『器械運動の授業づくり』、大修館書店。

- 体育授業実践の会（編著）、『すぐに使える・どの子も夢中になる　体育授業のジャンケンゲーム50』、大修館書店。

- 体育授業実践の会（編著）、『すぐ使える！体育教材30選　小学校低学年』、学事出版。

- 体育授業実践の会（編著）、『すぐ使える！体育教材30選　小学校中学年』、学事出版。

- 体育授業実践の会（編著）、『すぐ使える！体育教材30選　小学校高学年』、学事出版。

執筆者一覧

編著者：清水　由（桐蔭横浜大学スポーツ科学部スポーツ教育学科）

　　　　結城光紀（埼玉県伊奈町立小針北小学校）

執筆者

日本授業UD学会体育支部（UD体育）

顧問　　清水　由（桐蔭横浜大学スポーツ科学部スポーツ教育学科）：P.1，4，12-19

代表　　結城光紀（埼玉県伊奈町立小針北小学校）：P.5-6，8-11，第2章2-1，2-3，5-2，
　　　　　　　　　　　　　　　　　　　　　　　　　6-2，10-4，10-5，第4章実践③

副代表　石坂晋之介（上尾市立上平北小学校）：第2章4-4，4-5，6-3，7-2，9-2，10-1，10-2，
　　　　　　　　　　　　　　　　　　　　　　　第4章実践①

副代表　山下大晃（湯河原町立吉浜小学校）：第2章1-2，3-3，4-2，5-3，7-4，9-1，9-5，
　　　　　　　　　　　　　　　　　　　　　　第4章実践②

理事　　石田聡宏（上尾市立大石小学校）：第2章2-2，4-3，5-1，7-1，8-2，9-3

理事　　北村尚人（小田原市立鴨宮中学校）：第2章1-5，3-4，5-4，6-4，6-5，7-5，第4章実践④

顧問アドバイザー

　　　　上條大志（小田原市立足柄小学校）：第3章

事務局（五十音順）

　　　　植村咲歩（山北町立山北中学校）：第2章5-5，8-5

　　　　小口佑介（上尾市立東町小学校）：第2章8-3，9-4

　　　　坂井健太郎（八千代市立八千代台東小学校）：第2章3-1，7-3

　　　　手嶋大介（新座市立石神小学校）：第2章2-4，8-4

　　　　夏苅崇嗣（学校法人明星学苑　明星小学校）：第2章3-2，8-1

　　　　細野貴寛（山梨大学附属小学校）：第2章1-1，4-1

　　　　三浦大栄（八幡平市立平舘小学校）：第2章1-4，3-5

　　　　安武弘晃（北本市立中丸小学校）：第2章1-3，2-5

　　　　山下　敦（川崎市立橘小学校）：第2章6-1，10-3

UD体育の情報を発信しています！
フォローをお願いします！

本書を手に取っていただいてのご感想・ご質問・ご意見等、連絡いただけると嬉しいです！
子どもたち、先生たちにとって、よりよい体育授業を一緒に考えていけたらと思っています！

UD体育
HP：https://udtaiiku.amebaownd.com

公式LINEアカウント
https://lin.ee/su6KjxN

Facebook
https://it-it.facebook.com/UDtaiiku/

X
https://x.com/UD04964220

Instagram
https://www.instagram.com/ud_taiiku/?utm_medium=copy_link

事務局連絡先アドレス
udphysicaledu@gmail.com

カスタマーレビュー募集

本書をお読みになった感想を下記サイトに
お寄せ下さい。レビューいただいた方には
特典がございます。

https://www.toyokan.co.jp/products/5035

教材に「しかけ」をつくる
体育授業10の方法

2023（令和5）年12月15日　初版第1刷発行

編著者：清水由・結城光紀
執筆者：日本授業UD学会体育支部
発行者：錦織圭之介
発行所：株式会社 東洋館出版社
　　　　〒101-0054 東京都千代田区神田錦町2丁目9番1号
　　　　　　　　　　コンフォール安田ビル2階
　　　　（代表）　　電話 03-6778-4343　FAX 03-5281-8091
　　　　（営業部）　電話 03-6778-7278　FAX 03-5281-8092
　　　　振　替　　00180-7-96823
　　　　U R L　　https://www.toyokan.co.jp

装丁：小口翔平＋後藤司（tobufune）
本文デザイン・組版：株式会社明昌堂
イラスト：赤川ちかこ（オセロ）
印刷・製本：株式会社シナノ

ISBN978-4-491-05035-5　　　　　　　　　Printed in Japan